Glauben heute mit dem Heidelberger Katechismus

ハイデルベルク信仰問答との対話

信仰の宝を掘り起こす

G.プラスガー［著］　芳賀 力［訳］

教文館

Glauben heute mit dem Heidelberger Katechismus
by
Georg Plasger

日本語版序文

愛する読者の皆さん。私の小さな信仰論が日本語に翻訳されたことは、私にとって大きな喜びであり、光栄なことです。ハイデルベルク信仰問答は一五六三年にドイツで成立し、そこからさらに広い世界へとその領域を広げて行きました。この問答書は何百年もの長い間、改革派教会の教理を教える教科書として重要な働きをしてきました。しかし、たとえそうだったとしても、今日そのように用いられるケースはずっと少なくなっています。その理由はとりわけ言葉遣いにあります。ハイデルベルク信仰問答のドイツ語版テキストも一九九七年に注意深く書き改められたのですが、それでもなお課題があります。だから解釈が必要です。

多くの国々でハイデルベルク信仰問答は教会の信仰告白になりました。日本でもそうであったとうかがいました［明治の日本基督一致教会時代］。そしてこの問答書が今も日本の多くの教会で洗礼準備に用いられていると聞きました。それはすばらしいことです。なぜなら、これは実に小さな本なのですが、非常に読む価値のあるものだからです。

ハイデルベルク信仰問答にはたくさんの宝が詰まっています。そして現代を生きるキリスト者の人生にとって、この宝を発見し掘り出すことには、苦労するだけの価値があります。それはすなわち、自分自身の人生を実り豊かなものにしてくれるものだということです。本書の目標とするところは、一六世紀に語られた事柄すべてをそのまま正しく真実なものと見なすことにはありません。むしろ重要なことは、対話を通して現代を生きるキリスト者が自分の信仰をよく理解することなのです。いずれにしてもこの一六世紀に由来する古いテキストは、そのことに大いに助けになるものだと私は確信しています。

それ故、現代にあって信じるとはどういうことなのか、私にとって重要な問いはそのことです。もし日本の皆さんがハイデルベルク信仰問答の認識と洞察によって刺激を与えられ、そこから自分の信仰に役立つものを見つけられるなら、とてもすばらしいことだと思います。

大いに刺激を与えてくれ、また日本語に翻訳してくださった同僚芳賀力教授に感謝します。すべての読者の方々が、本書を読むことによって認識を新たにし、固定観念を打破することができるようにと願っています。

二〇一九年四月　ジーゲンにて

ゲオルク・プラスガー

まえがき

これまでたくさんの人々、とりわけ改革派教会に属する多くの人たちが、ハイデルベルク信仰問答との出会いを経験してきた。しかしそれがいつも対話へと深まったかというと、私には確信が持てない。私自身の場合、かつて堅信礼教育の際にたくさんの問答を暗記したものだが、本当にその意義を知るようになったのは、実際にはもっと遅くなってからのことだった。この信仰問答全体の内容をしっかり受け止めることができるには、おそらく堅信礼を受ける生徒だった自分にはまだ成熟さが欠けていたのだろう。その後まもなく私は、一九八一－八二年ヴッパータール神学大学での最初の学期に、後に私の指導教授になったユルゲン・ファングマイアー教授からハイデルベルク信仰問答の講義を聴いた。その時以来この古いテキストは、私をつかんで離さないものになった。

とはいえ、このテキストの持つ潜在的意義を現代に浮かび上がらせるためには、なお補助的なきっかけが必要だったように思う。本書を二〇一三年のハイデルベルク信仰問答刊行四五〇年記念の年に合わせてタイムリーに出版するということは、まさにこの目的にかなうものになった。

本書を作成するにあたって、多くの人々が私を助けてくれた。ジーゲン（Siegen）大学の学長は研究学期を許可して本書を書き下ろすことのできる時間を提供してくれた。ハイデルベルク信仰問答についても何度か授業をしたことがあるが、その際に良い刺激を与えてくれたジーゲン大学の学生たちから、私は多くのものを共に得ることができた。基本的なことを分かりやすく語るようにと、正当にも繰り返し私をこの原点に立ち戻らせてくれたノインキルヘン福音主義改革派教会の多くの教会員に感謝したい。特に原稿を共に読み、訂正して、多くの不明瞭な点を取り除くことを可能にしてくれた友人のクリストフ・ハインリッヒ、フラウケ・テース、またジーゲン大学組織神学部門の同僚たち、ザラ・フーランド＝ベッツ、ユリアン・エンナース、パトリツィア・フレーゼ、ケルスティン・シェーラー氏らに感謝したい。

ファンデンヘック&ルプレヒト出版社の担当者の方々、特にジルケ・ハートマン、イェルク・ペルシュ氏はこの企画に賛同して助力を惜しまず、歩みを共にしてくれた。本書の題名が示す内容「ハイデルベルク信仰問答と共に生きること」があちこちで実際に行われるようになることを、今私は願っている。

二〇一二年四月　ジーゲンにて

ゲオルク・プラスガー

序

『今日において信じること――ハイデルベルク信仰問答と共に』〔原題〕。この題名だけで何人かの耳には、もうまったくピンと来ないものに聞こえるかもしれない。今は二〇一三年だというのに、もう四五〇年も前の古臭いテキストが、現代のキリスト者の信仰にとって役に立つことなどありうるのだろうか。疑わしさが頭をもたげるように思われる。一六世紀の世界像が今日の自然科学の認識と共有するものはほとんどない。以前の時代の、問答無用で通用するような権威は、今日ではもう存在しない。それなのに信仰問答書は、各人が何をどのように信じるべきか、あまりにも多く指図《さしず》しすぎているのではないだろうか。そして信仰の事柄における認識も、数世紀を経てはるかに進展してきたのではないだろうか。

そのような疑念が湧くのは確かによく分かるが、しかし本書は、その疑念が決して適切なものではないという見解を表明する。ハイデルベルク信仰問答は今日でもなお、自分の信仰を理解し、言葉で言い表し、信仰において成熟することを助けることができるからである。

「大陸にいる私たちの兄弟たちは、それを手に入れるのに金の大樽をもってしても払いきれないほど高価な小冊子を持つに至った」。イギリスの派遣団が一六一八―一九年のドルトレヒト教会会議から帰国し、彼らの発見した信仰問答書について報告した時、彼らは感激してそう語ったのである。このドルトレヒト教会会議以来、ハイデルベルク信仰問答は多くの改革派教会の信仰告白文書となり、そこから途方もなく大きな影響史が展開されるようになった。たとえば一九七〇年代に入ってからも、ドイツの堅信礼志願者はこの問答書の大部分を暗記しなければならなかった（おそらく今日もどこかではまだそうなっているはずである）。しかし、いずれにしても二一世紀の初めを迎えた今、広がり方から見れば、ハイデルベルク信仰問答が堅信礼教育や教会生活の中で自明と言えるほど支配的な役割を果たしているとは言いがたい。そのことも同時に認めなければならない。そして、歴史の歯車が逆戻りすることを期待することもまたできないのである。

本書の目論見

私たちは今日、世界中に広まった信仰の多元主義の中を生きている。それは私たちの教会の中でも起こっている。すべての者が同じ信仰命題を正しいと思っているわけではない。たとえば、ある人々は処女降誕を絶対に信ずべきものと見なしているが、ほかの人々は、それを信じるには大変な苦労が要るので、処女降誕を信仰の妨げだと見なしている。一方では、この多元主義は誰にとっても必要な利点を持っている。プロテスタント教会には信仰内容を規定する規範的な教導職はない。多元主義はこの自由さを明らかにする。しかし同時にまた多くの人々は、共通の信仰認識があまりにもわずかしかなく、すべてが同じように（gleich）有効である（gültig）ので、どうでもよく（gleichgültig）なる危険がそれによって生じることにも頭を抱えている。多くの教会員は、自分が何を信じているのかもはや知らない。そしてしばしば、ではいったい福音的信仰の根本命題は何かという明瞭な問いに対しても、ほとんど答えることができないでいる。このことはまた、ほかの宗教に属している人々との対話において、実のある話し合いをできなくさせている。もっと言えば、そのように対話することそのものを妨げる場合すら珍しくない。キリスト者であるのに福音とは何かが分かっていないからである。

まさにこの点で信仰の形成を強化するため、宗教改革の時代に信仰問答書が導入されたのである。マルティン・ルターの小教理問答やハイデルベルク信仰問答は多くの点で信仰教育を支えることができた。この二つはおそらく宗教改革時代、最も有名な信仰問答書になったと言える。そして今日この二つの問答書が宗教改革の二つの流れを代表するものとなっている。すなわち、ルターの小教理問答はルター派教会と神学を、ハイデルベルク信仰問答は改革派神学を代表している。ただしハイデルベルク信仰問答は元来、諸教派を一つに結び合わせるテキストとして考え出されたものなのである。

ハイデルベルク信仰問答の成立について

ドイツのプファルツ選帝侯領ではフリードリッヒ三世の統治時代（一五五九－七六年）、教派が相互に入れ替わる不安定な傾向が続いた。フリードリッヒ三世はカルヴァン主義的な聖餐理解を確信していたが、総合的に判断してルター派と改革派の神学を一つにするテキストを作成することを目指した。フリードリッヒ三世が主たる執筆者として招聘したのは、メランヒトンの弟子であるツァハリアス・ウルジヌス（一五三四－八五年）だった［もう一人カスパー・オレヴィアヌスが問答書の成立に関与したと言われているが、著者によると、最近の研究では、オレヴィアヌスはウルジヌスの草稿を編集したにすぎないと考えられている］。やがてウルジヌスのテキスト草稿は、これを最終的に編集するため、選帝侯も少なくとも一時属していた特別委員会に提出された（厳密なテキスト成立史は今日まで最終的にはまだ解明されていない）。その問答の中にルター派と改革派の関心事が結合しているのが頻繁に見て取れる。問1の慰めに対する問いかけはどちらかと言うとルター派的に聞こえるし、その答えはむしろ改革派的である。あるいは別の言い方をすれば、自らをルターとカルヴァンの間を取り次ぐ者と見なしたと言えるメランヒトンの影響が、非常に多くの箇所から感じ取られる。しかしこの問答書は、教派を結びつける役割を果たすことができなかった。すぐに教派主義的なルター派の神学者たち（中でも論争好きのハンブルクの牧師ヨアヒム・ヴェストファルなど）は、ルター派の立場から見ると水で薄めたようなこのテキストを激しく攻撃したからである。こうしてハイデルベルク信仰問答は、今日ではただ改革派の立場を代表するものになってしまった。とはいえ、改革派神学を特徴づけると称されるいくつかの古典的な命題、たとえばジャン・カルヴァンによって高く評価された二重の予定説などはこの問答書にはない。この点は確認しておかなければならない。

問答書の構造は明解である。テキスト全体の総まとめと見られる第1問に続いて、三つの部分が続いている。人間の悲惨さについて（問3－11）、人間の救いについて（問12－85）、感謝について（問86－129）である。

対話相手としてのハイデルベルク信仰問答

今復唱したこの本の根本主題［人間の悲惨さ、救い、感謝］が論じられるこの古いテキストには、理性によって啓蒙された現代の人間に対しても重要な対話相手となる資格がある。そのことを私たちは確信できる。だから対話を目指す本書の意図は、この問答書全体を注釈し、それをいわば独白（モノローグ）のように提示することではない。それ故、本書は問答書の重要な部分だけを取り上げる。しかもしばしば問答書自身が提供しているのとは別の順番で取り上げる。問答書全体を注釈する代わりに、それをどのようなキリスト者にとっても根本的な一四の問いと主題に分け、問答書を対話に持ち込むことが本書の目的である。そのため必要なことは、一四の章それぞれに、できる限りその主張の意義と問答書の主要ポイントを明確にする道しるべを書き記すことであるように思われた。これらの主題の背後に示されている根本的な問題領域を目の前にすると、まさに道しるべが必要なのである。

私自身は改革派教会に属しており、そのことを隠そうと努めたりもしないが、私が主張するのは、ハイデルベルク信仰問答が諸教派を一つにするものと見られるべきだという見解である。この意味で本書にはマルティン・ルターの神学の多くの引用も見られる。ルターの神学はドイツでは多くの点で（多かれ少なかれ際立った）神学的規範であるように思われる。それは論争的なものではなく、事柄の解明に貢献するものである。

もし読者とハイデルベルク信仰問答との間に対話が成立することになれば、本書の目的は達せられる。とはいえ、すべての部分で問答書に賛同するということは本書の目論見ではない。本書のいくつかの箇所で私は問答書に対する批判をも企てている（たぶんある箇所ではあまりに少なく、ほかの箇所ではあまりに多くなされていると受け止められるだろう）。対話相手というものは、互いに質問をぶつけ合える場合に初めて真剣なものになる。

私たちは教会の中で、「あなたがたの抱いている希望について」（Ⅰペトロ3・15）弁明できる人間を必要としている。もしハイデルベルク信仰問答が人間を信仰において堅くし、信仰の持つ意味連関を明らかにすることができるなら（まさにそれが私の出発点なのだが）、四五〇年も前の古いテキストでも今日の人間を信じることへと助け導くことに、すばらしい仕方で成功することができるだろう。

もくじ

日本語版序文 3

まえがき 5

序 7

本書の目論見 8

ハイデルベルク信仰問答の成立について 10

対話相手としてのハイデルベルク信仰問答 11

第1章 神の認識

――神についてどのように語ることができるだろうか 25

神の証明は神の実在を、

少なくとも納得のいくものにしているはずである 26

神を信じることができるためには、
　神の実在は納得のいくものでなければならないのだろうか　28
神への信仰告白としての神の認識　30
神の認識は関係の中での陳述である　33
イエス・キリストの解放の歴史に対する信仰告白　35
神の行動から出発する　38
神はイエス・キリストにおいて認識される　40
神の認識は生きる上で実践的である　42
神を認識すること　43

第2章　聖なる書物としての聖書
　――神についての知識はどこから来るのだろうか　46
聖書の権威の考えられる根拠　47
ハイデルベルク信仰問答における聖書の役割　51
「あなたはそれをどこから知るのですか」　52
聖書は福音を指し示している　53
聖書は律法を指し示している　56
律法と福音、もしくは神認識と自己認識　58

頭だけで聖書を読むより重要なこと　60
内容が聖書の権威性を基礎づける　62
聖書の権威主義的ではない権威　65

第3章　知ること、本当だと思うこと、そして信頼すること
――「信じる」とはどういうことなのだろうか　67

主観的な人生観の表明としての信仰　67
信仰の体系と個人主義化　70
ハイデルベルク信仰問答における信仰の理解　71
真実の信仰とは何か　73
認識としての信仰　74
「真実であると見なすこと」としての信仰　76
心からの信頼としての信仰　78
三つの局面――互いに関連しつつ！　81
「通路」としての信仰　83

第4章　罪――人間は悪い存在なのだろうか　88

罪認識は信仰告白の一部である　92
罪の悲惨さ　95
悲惨さの影響　97
神の似姿性と本性　99
善と悪　102
罪と罰　105
罪の全体性の強調は、
必然的に否定的な人間像を意味するのだろうか　107

第5章　義——神の贖いの道　109

憐れみと義、あるいは憐れみか義か？　114
交わりの信実としての義　117
神からずっと遠ざけられている状態としての罰　119
仲保者としてのイエス・キリスト　121
イエス・キリスト——まことの神にしてまことの人間　122
神はその義を十分に行う　125
別の人間になる？　127

第6章　キリストと私たちキリスト者――参与すること　131

一つの一面性――イエスはただの模範　132
もう一つの一面性――ただ十字架だけが強調される　133
キリスト者について語ることは、
　キリストについて語ることである　136
神の受膏者（油注がれた者）としてのイエス・キリスト　138
私たちのための預言者・祭司・王としてのキリスト　140
キリストの油注ぎに与る　144
私たちはキリスト者であるが、しかしキリストではない　149

第7章　義とされた人間――義とされ、そして生きること　152

義――多義的な概念　154
交わりの信実としての義　156
義とは、誰でも自分の内に良い種を宿しているということではない　158
贈られた関係？　159
なるほど確かに……しかし　162
信仰によって　166

信仰も贈り物である――とはいえ義務も伴う　169

第8章　創造を信じる――慰めと委託　174

被造世界から創造者を導き出す？　175
良き創造という考えに対する異議申し立てとしての苦難　177
神はすべてをあらかじめ定められたのだろうか　179
創造者への信仰告白としてのキリスト告白　180
現在の神の信実の表現としての創造　183
摂理とは？　185
創造者を信じる信仰の益　187
信頼に満ちて生きる　192

第9章　聖霊――キリストと一つにされること　195

三位一体の一位格としての聖霊　197
人格か力か　198
控え目ではなく　199
イエス・キリストの霊としての聖霊　200

聖霊はキリストの中に、そして同時に私たちの中に内住する　203
聖霊は信仰を創始する　205
賜物の付与者としての聖霊　208
聖霊の働き——それは信じられるべきことである　212

第10章　教会を信じる——賜物を授けられて生きること

215
見える教会と見えざる教会　215
いつ、そしてどのように教会は存在するのか　218
私は教会を信じる　220
選ばれた教会　222
集められた共同体　223
守られ、保持される教会　226
私はそこに属している　228
教会生活での賜物の方向づけ　231
他者の幸いと救いのために賜物を進んで捧げること　232
信じられる教会共同体　235

第11章　洗礼と聖餐――確証を与えられて生きること　236
信仰は確証を必要とする　236
サクラメントの歴史は不明瞭　238
サクラメントは福音の理解を助ける　240
福音を体験し体得すること　241
洗礼の有用さについて　244
幼児洗礼　246
……わたしの記念として　249
「ますます一つにされ」　253
第12章　祈り――私たちが祈れるように教えてください　257
祈りは多くの宗教で捧げられている　257
祈りはそもそもキリスト教の教理のテーマなのだろうか　258
いくつかの問い……　260
人間的行為としての祈り　262
私たちに祈ることを教えてください　264
神とその属性　267

御国が来ますように　269
私たちの日ごとのパンを今日私たちにお与えください　271
アーメン――経験より以上のもの　273

第13章　感謝――喜びと愛をもって善き業を行うこと　277
良い木が良い実を結ぶ　278
どのように、そしてなぜ倫理的に行動すべきなのか　280
感謝　282
行動に基づいた確かさ？　285
神の良き律法を喜び楽しむこと　286
物言わぬ偶像に代わる生きた説教　289
殺してはならない　292
律法は、自分で責任をもって生きる助けである　294

第14章　希望――神の将来を今日信頼すること　297
気休めか慰めか　297
宗教改革時代の生活感情としての不安　298

「終末論の事務所は大抵閉まっている」 300
気休めか展望か 301
歴史の二つの出口 303
永遠 306
魂の不死？　否、復活の希望 308
やがて到来する方はすでに到来した方である 310
頭を上げて、前喜びを抱きつつ希望する 312
すでに今ここで 315

注 319

訳者あとがき 327

装丁　桂川　潤

第1章
神の認識
――神についてどのように語ることができるだろうか

「神学」という言葉はギリシア語に由来し、その意味は神についての語りと訳される。それ故、神学への入門は神についての語りへの入門である。しかし神という言葉で何が理解されているのだろうか。一方で、おそらくドイツでは多くの人が納得する定義をすぐ見出せるだろう。それによれば、神ということで、たとえば「全能なる方」あるいは「すべてのものの上に立つ力」が意味されている。その際、次のような見方が流布していることもまれではない。すなわち、そうした神のイメージがさまざまな宗教と結びついているにしても、すべての人間は同じ神を信じており、ただそれを違う仕方で信じているだけだという見解である。しかし他方では、そのような大雑把な言い方はさらなる問いを生じさせる。いったい私は、さまざまな宗教は同じことを考えているということをどこから知るのだろうか。そして私はどこから、そもそも神のようなものが存在することを知るのだろう。さまざまな宗教が存在するという事実からだけでは、まだ本当には（一つの？）神の存在について何かを語っていることにはならない。そして、神を全能であると自分が考えていることが正しいかどうかも、差し当たりはまだ明瞭ではない。なぜならここでも、どこからそのような言い方が出てくるのかという問いが立てられるからである。

神の証明は神の実在を、少なくとも納得のいくものにしているはずである

人類史上繰り返し（一つの）神の現存を客観的に確かめようとする試みがなされてきた。神の証明はそのような試みと見なすことができる。そこでは神の実在が必然的なもの、あるいは少なくとも思考上必要なものとして主張され、要求されている。神の証明が遡ることのできる土台となったモデルはわずかしかない。トマス・アクィナス（一二二五－七四年）は、すべての人間に理解しやすいより高い本質の実在を、遡及法をもって理論的に納得できるものにしようと努めた。彼にとって地上で起こるすべてのことは創造者と結びついており、この結びつきを理解することが彼の目的だったからである。ギリシアの哲学者アリストテレスを受け入れて展開された彼の［神証明の五つの］道は、地上にすでに与えられているもの、たとえば運動から始まる。トマス・アクィナスはこの運動の原因を遡って問い、さらに遡って第一の運動に至るまで問い続け、ついに第一の動者に突き当たる。人はこの道を「宇宙論的ないし因果的神証明」と名づけている（この宇宙［世界］から認識できる仕方で、その

つど根拠を遡って問い続けるからである）。トマス・アクィナスはまた目的論的な神証明をも展開した。それは、世界の美と複雑さから、一人の知的な原作者へと遡って推論するものである（目的論的とは、一つの計画、一つの目的を推論することができることを意味する）。ついでに言うと、今日いろいろ議論されている、進化論に反対する「知的設計」（Intelligent Design）の教説の立論は、今述べた思考方式と非常によく似ている。この思考方式もこの世界の所与の事実から知的な創造者を導き出すからである。

まったく異なる神証明はカンタベリーのアンセルムス（一〇三三－一一〇九年）に遡るものである。ただし、アンセルムスが実際に神を証明しようとしたかどうかは議論の別れるところである。それはともかく、彼の立論は「存在論的神証明」として理解されている。二つの命題が一つに合わせられている。第一に、神はアンセルムスによれば、それ以上大きなものが考えられえないものである。そして第二に、事実上存在するものは、ただ可能な仕方で存在するものより、大きなものである。神以上により高いものは存在しえないので、神はまた存在もしなければならない。なぜなら、神が存在しないことは、神が存在することよりも小さいからである（そしてアンセルムスのこの「存在」をめぐる思考方法の故に、この存在論的神証明に彼の名が与えられたのである）。

ケーニヒスベルクの哲学者イマヌエル・カント（一七二四－一八〇四年）は、あらゆる神証明を根本から批判した。すべての神証明は、理性を手段にして人間の理性の届かない世界を推論していることになるからである。それは人間理性の越境である。確かにカントもまた神という思想をまったく断念しようとしたわけではない。それどころか、彼は神を道徳的になくてはならない存在と見なしている。神はすべての者に妥当する道徳の保証人として考えられねばならないからである。しかしカントは、一人の神が存在しなければならないという要請にとどまった。彼は神を「証明」しようとはしていない。

神証明は神の実在を必然的なものとして、もしくは少なくとも納得のいくものとして明らかにする目的を持っている。しかし私たちはそれらの試みに対して、もはやその盛時は終わったと言わざるをえない。一八世紀の教養ある人々の間では、神証明の理論的有効性をめぐって激しく議論が戦わせられた。しかし今日では、実際の話し合いの中でそうした理論が飛び抜けて重要な役割を果たすなどということはない。とはいえ、理論的神証明は理性の越境だというイマヌエル・カントの批判は（いずれにしてもプロテスタントの領域では）広く一般に賛同を得ている。

神を信じることができるためには、
神の実在は納得のいくものでなければならないのだろうか

神を納得ゆくものにしようとする神証明の意図は、今でも重要なものなのだろうか。というのも、多くの人々にとって神の実在は依然として理解しやすいものではないし、特に自然科学的に規定されている現代の世界像は、神なしに、つまり神との関わりなしに済ませられるし、一見すると難なくそれに成功しているように見えるからである。たとえばＧＥＳＩＳライプニッツ社会学研究所によって行われた二〇〇八年の「社会学の一般的な国民アンケート」は、多くの人々にとって神は実際上必要ではないということを示している。[1] それによると、伝統の強い古くからの州地域では住民の二〇％が無神論的（「神は存在しない」）か、もしくは懐疑的（「神が存在するかどうか、私は知らない」）に自分を理解しているが、新しい州地域ではそれが約六五％に上る。全体ではドイツの三〇％である。もちろんここから、総じて七〇％の人々、つまりドイツ国民の大多数が神の実在ないしより高い本質の実在があると見なしていると結論づけることもできる。いやそれどころか、ドイツで教会に通うことが非常に弱体化している現状を前にすると、おそらくこれは驚くほど高い数値である。いずれにせよこの数値は、神の実在ないしそれと似たより高い本質の実在に理解を示す人々の方が、ドイツでキリスト教信仰をもって実際に生活している人々よりも多いということを明らかにしている。

やはり神を知る場合には、まず神の実在が一般的に信じられることから始める方が意味があるのではないかという問いがここに生じてくる。そこで神証明は構造上次のようなやり方を取る。第一の問いは、本当に神は存在すると言えるのかということである。神証明において重要なことは、特別な神が「現れ出る」かどうかではなく、むしろ神の実在一般への問いが立てられることの方がはるかに重要なのである。そして第二のステップとして、キリスト教会によって証言された神が――いわば一般的な神理解の特殊ケースとして――どのようにそこに加わってくるのかという問いが後に続くことになる。

神への信仰告白としての神の認識

問1　生きる時も死ぬ時もあなたの唯一の慰めは何ですか。
答　それは、体も魂も、生きる時も死ぬ時も、私が私のものではなく、私の信実な救い主イエス・キリストのものだということです。この方は、その尊い血潮をもって私のすべての罪のために負債を完全に支払ってくださり、悪魔のあらゆる暴力から私を贖い出してくださいました。そして彼は私を守り、天におられる私の父の御心なしには、私の頭から髪の毛一本たりとも地に落ちることはありえず、それどころか、すべてが私の祝福に必ず役立つように守ってくださいます。それ故、キリストはまたご自身の聖霊によって私のために永遠の命を保証し、これから先は心から喜んで彼のために生きるように整えてくださいます。

注目すべきことはハイデルベルク信仰問答が、今述べたようには始めていないということである。もちろんそれは、次のことに理由があると考えることができるかもしれない。すなわち、一六世紀には「キリスト教の神」の実在はあまりに自明のことだったので、この点で問題にすべきことは何もなかったからだと。しかしそれではすべてを説明したことにはまったくなっていない。問1とその答えを丁寧に読むなら、ここでは先のやり方とは別の方法が取られていることが明瞭になるからである。「生きる時も死ぬ時もあなたの唯一の慰めは何ですか」という問いに対して、まず答えはこう続く。「それは、体も魂も、生きる時も死ぬ時も、私が私のものではなく、私の信実な救い主イエス・キリストのものだということです」。

「神」という言葉は、問1とそれに続く答え全体のどこにも出てこない。おそらくここでは最初に神の定義を行うことなど、まったく必要なかったのである。むしろ問答書は、ただ知的に神を問うことを許さないような問いをもって始めている。観察者の視点など問答書には皆無である。そのことで明瞭になるのは、問答書の意味する神について「中立的に」語ることはできないということである。神証明はいつも「客観的」な性格を持っており、そのつどの私の信仰とは無関係に妥当するものなので、ハイデルベルク信仰問答にはそうした神証明は一切存在しないということである。それどころか、非難を浴びるかもしれないのに、神の実在を納得のいくものにすることすらしていないのである。

それなら、ただ主観的にしか神について語ることはできないということなのだろうか。誰でも自分なりの神のイメージを持っており、そのため神についての普遍妥当的な発言は不可能であると耳にすることは珍しくない。ハイデルベルク信仰問答の問1をちょっと耳にした者は、ここでは「あなたにとって正しい人生の道は何ですか」「あなたの人生設計は何ですか」と問われているように思うかもしれない。そうなると、一人の人間の主観的な告白が次に続くことになるだろう。主観的な告白はその人が大事にしているものが何かを知らせてくれる。しかし注目すべきことは、問答書の答えは最初の文章からすでにその見方をまったく逆転しているということである。生と死における私の慰めを問う問いに対して続けられる答えは、私が私のものではなく、イエス・キリストのものだということである。もし問1の問いかけを、あなたはどのような人生設計を自分で選びますかという意味で理解すべきだとすれば、その答えはのっけからそもそも答えることをほとんど拒否しているかのように見えるだろう。「決定的なことはあなたの選択ではなく、神の選びです」。そう理解すると、答えは非常にすげないもののように聞こえる。人間そのものの拒否として理解することにもなりかねない。「いいえ、あなたの人生設計など重要ではありません」と。しかしこの印象は、もっとよくテキストを読み直せば、ハイデルベルク信仰問答の言わんとするところとまさに正反対のものである。「私が私のものではなく」という言い方は私について外から語っているのではなく、信仰の告白としてまさに私の告白だからである。人間はそんなことを告白する必要はない。ハイデルベルク信仰問答は、この二重の言い回し「私が私のものではなく」をもって、キリスト教信仰の中にある緊張を表現する際の助けとなっている。

この緊張は以下の点にある。一方で、神は単純に証明可能な方ではないので、私たちは神についていつもただ主観的に、客観性を求めることなく語ることしかできない。

しかし他方で、私たちが自分自身のことや自分の体験についてばかりでなく、自分を超えた神について語り、天と地を創造し、イエス・キリストにおいて人間となり、世界を決して見捨てず、目的へと導く方を信じ告白する場合にだけ、私たちは神について語っているのである。それ故私たちは、この世の現実を初めて可能にする方、ほかと比べようもなく最も客観的な実在である方を信じ告白している。だから両方の視点を視野に入れることが重要なのである。一つには、私たちの信仰や告白には依存しない対向者（Gegenüber 自分に向き合う方）としての神がおられる。そして同時に、私たちは自分たちの現実を飛び越えることはできないので、神についてはただ主観的にしか語りえない、そのような私たちにとっての神がおられる。信仰告白は、私たちの主観的な告白と、私たちの告白をはるかに越える神の現実性とを結び合わせている。それ故問答書は神の認識を、自分がイエス・キリストの御手の中にいることを知る信仰告白と結びつけているのである。

神の認識は関係の中での陳述である

根本的に重要なことは、ハイデルベルク信仰問答では「私の」主イエス・キリストについて語られているということである。それによって、神の認識は常に信仰の陳述であることが明らかになる。宗教改革全体が強調したことは、神の到来についてのキリスト教的使信は、ただ私が、それはほかならない「私のために（pro nobis）」起こったのだと信じる場合にだけ正しく聞かれ、ただその場合にだけ現実的に理解されるということである。この「実存的な」次元なしには、私は神のものであるという信仰告白は不可能である。そしてそれ故に、ハイデルベルク信仰問答の解釈によれば、神の認識も不可能なのである。もちろん神をこの実存的な領域に狭めてしまうことはできない。これまでも時折、救いのエゴイズム（自己中心主義）と言われるものが存在してきた。ただ「私」だけが中心に立ち、ほかのものは一切視野に入らない。しかしハイデルベルク信仰問答は、ある一人の人間がまったく私的な信仰を記録した個人的な信仰告白ではない。それは、全体の教会によって、個々の教会によって、それ故多くの人々によって、場合によっては共同で朗唱されるべきテキストである。それは朗唱される信仰告白であり、ほかの人々の前で、ほかの人々と共になされるものである。とはいえその場合にも、各自が一人ひとりで自分の信仰の告白を口にすることには変わりはない。ただそれを共同で行うのである。「共同で」ということが信仰にとってどれほど大事なことかということについては、もう少し後で取り上げるつもりである。ここで何よりも重要であるのは、神の認識は信仰の陳述であり、したがってまた関係の中での陳述であるという認識である。

信仰は神と人間との間の関係を主題化している。そしてこの関係の外では、神について正しく語ることはできない。実に興味深いことは、ハイデルベルク信仰問答の文章の中で神と人間との関係を示すその特徴がどのように見られているかという点である。生きる時も死ぬ時もあなたの唯一の慰めは何かと問う問いが向けられているのは、神に対する人間の関係に対してである。明らかに中身の乏しい、しかしおそらく今日もっと気軽に口にできる表現で言い直せば、「今あなたが信じているのは何か」ということになる。ここでは信じる主体は人間である。もしこの問いに対する答えが、「私は神を信じている」となるとすれば、その場合「私」が主体であり、「神」は客体である。しかし問答書は、周知のようにそれとは異なる仕方で答えている。そこから見て取れることは、問答書がいかに神と人間との関係における神の能動性を強調しているかということである。神が私を贖い出してくださったのであり、私は自分がこの神のものであることを知るのである。さらにカール・バルトは、ハイデルベルク信仰問答問1についての解釈においてこう語ることさえできた。「この長い文章における決定的な句は『私はイエス・キリストのものだ』という句である。他のすべての句は、これらの言葉の説明にすぎない(2)」と。ではこの一文は他律性(Heteronomie)の表現なのだろうか。外側から見ればおそらくそうかもしれない。しかし問答書の目から見れば、それはまったく他律性を意味するのではなく、自由の表明なのである。私は、私を自由にする方のものなのである。

イエス・キリストの解放の歴史に対する信仰告白

ハイデルベルク信仰問答はすでにその最初の問いにおいて一つの歴史を物語っている。神のものになるという事情を表現するには、それを静止した状態として描くことでは不可能である。それは、解放という事態を構成する一つの歴史の出来事だからである。問答書にとってイエス・キリストの道はただ解放の歴史として理解されうる。この点は、問答書が進むにつれ、より広範に詳述されていく。

しかしこの時点ですでに、イエス・キリストの十字架の死はすべての土台となる肯定的なものとして理解されるべきことが明らかにされている。十字架の死は当時のみならず、現代でも理解に苦しむ問題である。「一人の人間が死んだことをどうやって肯定的に理解することができるだろう。十字架の死は残酷であり、それ以外の何ものでもない」。イエスの十字架の死の苛酷さを問答書は決して否定していないし、逆に栄光化もしていない。むしろ問答書は、キリストの死の苛酷さを越えて、その死の持つ効果を見据えている。その死は人間の解放として理解されるべきである。その理由は、イエス・キリストが「その尊い血潮をもって私のすべての罪のために負債を完全に支払ってくださり、悪魔のあらゆる暴力から私を贖い出してくださいました」ということにある。この箇所でのいくつかの表現は私たちには古風に思われるかもしれない。悪の人格化としての悪魔は、相当使い古された言い回しである。また私の罪のために贖い代（身代金）が支払われたという言い回しは、少なくともあまりなじみのない語り方であり、イメージである。問答書はここで贖い代や悪魔の暴力からの解放という聖書（ペトロの手紙一やヨハネの手紙一）のイメージを取り上げている。これは教会史の中でも広範に論じられてきたイメージである。これらのイメージすべてにとって明らかなことは、一見十字架ですべてが終わったと見えることは、イエス・キリストについての最後の言葉ではないということである。ともかくもう終わりだとまず考えたのは、たとえばイエスの弟子たちであった。それで当初彼らはイエス・キリストの復活を信じることができなかったのである。しかしイエス・キリストが復活した方として証言された以上、十字架の死はもはやただの敗北ではありえなかった。すでに新約聖書の中にイエスの死のさまざまな解釈が見られる。それらは、あらゆる違いにもかかわらず、一つの共通性を持っている。イエス・キリストの十字架の死は「人間のために」、すなわち私たちのためにこそ起こったのだということである。新約聖書と教会史の中で成立した解釈は、さまざまな概念やイメージをもってこの「私たちのため」ということを語ろうと試みているものである。それは、神と人間にとって意味する根本的な変化を表現するためである。それらのイメージに共通するものは何だろう。それは、人間が好ましくない状況、すなわち悪の暴力や罪の支配の中に置かれてしまっていたということである。しかしそれはもう過去の陳述である。人間はこうした状況から連れ出され、自由にされたのだということが、今や告白されるからである。

問答書は、ある神ないしある宗教を自分で選んで自由に決められるような人間の状況を視野に入れてはいない。たとえ多くの者が今自分はそのような立場にあると思っていたとしても、それでは人間の状況を誤認することになるだろう。しかしまた人間は、もはや囚われの中、神から遠ざけられた状況の中にもいない。人間は神の近さの中にいる。神は人間を、神から遠ざけられた状況に捨て置くことをしなかったからである。

神の行動から出発する

そこで問答書はまず最初に神の「存在」についてはまったく語らず、神の行動について語るのである。神はどのように「存在している」のかということは、差し当たりまったく主題化されていない。神の全能や神の愛はこの段階での中心テーマではない。語られているのは神の行為についてである。問1とその答えにおいて重要な位置を占めているのは、イエス・キリストの死によって与えられることに決まった解放という主題であるが、それに続いてさらに神の行動が推し進められるだろうということが強調されている。神は「私を守り」、私のために「永遠の命を保証し、これから先は心から喜んで彼のために生きるように」してくださる。すべては人間に関わる神の行動の表現である。そのことで明らかにされることは、神についてのきわめて特別な考え方である。誰が神であるかは、彼の行動、彼の行為から明らかになる。そしてそれは逆ではない。なるほど人は、神は愛する方なので、神は愛をもって行動すると考えることもできるだろう。その場合、神は愛する方「である」という陳述が土台にある言明である。その「である」という存在から彼の行動が後に続くのである。興味深いことに、問答書はここでまったく逆の仕方で議論している。すなわち、神の「存在」についての陳述は、ただ彼の行動からの帰結なのである。神は私を解放してくださったが故に、神は解放者である。神は人間を守られるが故に、神は守護者である。そして、神は人間を信仰において確かにしてくださるが故に、神は保証者なのである。このことによってハイデルベルク信仰問答は、ちょうどこれとは逆方向から考えているすべての神表象から一線を画すことになる。それらの神表象は、まず神の定義を求め、そこから彼の行動を描こうとする。最初にまず神の属性を定義する。たとえば神は全能であるというように。そしてそれから、それ故に神は何でもできると結論される。だからすべてを創造もされたのである。問答書の答えでは、まさにそうなっていない。何よりもまず第一に神の行為が前面に立つ。ではなぜ問答書はこの道を行くのだろう。私はそこに特に二つの理由を見ている。

第一に、問答書はそのような一般概念に潜む危険を知っている。どういうことかと言えば、一般概念は新たな問題を引き起こすからである。神は全能なりという命題から出発する者は、ただちに問いを突きつけられる。神が全能であるなら、なぜ神はこの世の悪や闇をすべて許すのだろうか。この問いによって、神はある程度切羽詰まった状況に置かれる。神によって造られた世界に悪が存在するにもかかわらず、神の全能を考えることができるような解決策が探し求められるからである。ハイデルベルク信仰問答のように論を進める場合でも、そうした問いは生じるだろう。しかしその問いは、神によってあらかじめ知られていない何かがあるというような虚空に立てられたものではない。そしてまた、あたかも神の全能と神の愛が一つの論理的な関係に結び合わされねばならないということでもない。問答書は一般概念から出発する議論に比べて明らかに控え目であり、それ故、神の存在について思弁を巡らす必要がないのである。

第二の理由は、（第一の理由と関わりがあるが）もっと重要である。問答書は、聖書もそうしているが故に、まず神の存在について語らず、神の行為について語る。聖書は旧約も新約も神の行動について物語る。神は世界を創造し、その民イスラエルをエジプトの国から自由へと導き出される。バビロン捕囚への道は旧約においては神の罰として理解されている。しかしイスラエルはそこから再び神によって連れ戻される。新約ではイエス・キリストにおける神の到来が中心に立っている。この意味で、ハイデルベルク信仰問答は聖書的な規準に従っているのである。

神はイエス・キリストにおいて認識される

決定的なことは、私たちがイエス・キリストのものであるということである。この命題をもってハイデルベルク信仰問答は、特にキリスト論的に重要な点を前もって準備している。問答書が神について語る場合、それは常にイエス・キリストについて語っている。そのことは第1問において二つの点から明らかになる。まず第一に構成の順番が、古典的なものとして多くの人に知られているものとは違う。多くの教会の礼拝で日曜日ごとに語られる使徒信条では、三つの項目が主題化されている。すなわち、最初に父、次に子、その後に聖霊である。この問答書の主要部分を構成し、またほかの改革派の教理問答でも通例である使徒信条の講解部分においては、ハイデルベルク信仰問答もこの順番に従っている。ところが第1問の答えは父なる神ではなく、イエス・キリストをもって始めているのである。そのこともまた、この問答書では一般的な神理解が土台になっているのではないことを示している。キリストにおける私たちの贖いが、これ以後の思想全体の出発点となっている。父の行為に帰されるのは保持ということである。「私の父の御心なしには、私の頭から髪の毛一本たりとも地に落ちることはありえず」はそのことを意味している。保持は宗教改革の神学においては、創造者としての神の行動を強調する主要なポイントである。現代においてしばしば考察の注目すべき対象となっている世界の成り立ちという局面は、あくまで副次的な側面にすぎない。それ故ハイデルベルク信仰問答の問1とその答えでは、イエス・キリストにおける神の認識に基づいて初めて創造について何かを語ることができるのである。これは現代の多くの人にとって異例のことである。創造者としての神の行動は一般的なものであり、キリスト論的な陳述はどこか特殊なものであるように思われているからである。もちろん今日でも、キリストについての陳述もまた創造についての陳述とほぼ同じように重要なものとして、何とか理解しようと努める人々がまったくいないわけではないが、キリストの出来事をもって始めるこの問答書とは異なっている。

もう一つ、キリスト認識に関して私たちの第一の答えの中には第二の注目点がある。順番がキリストをもって始めているばかりでなく、父の行動と同様に聖霊の行動も、キリストと密接に結び合わされているからである。天におられる私の父の御心なしには、私の頭から髪の毛一本たりとも地に落ちることはありえないほどに、イエス・キリストが私を守っておられるということ、そのことが創造者なる神の行動を見据えて語られている。そしてイエス・キリストは私に、聖霊を通して永遠の命を保証してくださる。三位一体の神の働きを単純に三つの位格に分割することはできない。キリスト教信仰は三人の神ではなく、三位一体の神の行動を信じ告白している。問答書の要を得て簡潔なこの始め方においては、三位一体についてのこれ以上詳細な叙述はなされていない。しかしこの第1問でもすでに明瞭なことは、父と子と聖霊が共に行動しておられるということである。キリストにおいて私たちは父と聖霊の働きを見る。神を認識するとはハイデルベルク信仰問答にとって、神をイエス・キリストの働きの中に認識することを意味している。

神の認識は生きる上で実践的である

ここでハイデルベルク信仰問答にとって重要なもう一つの局面がまだ言及されずに残っている。神認識は理論的な営みではなく、信仰は知的な遊びではない。自由にされた人間の全生活が神告白であると理解されなければならない。第1問の答えの最後はこうなっている。「キリストはまたご自身の聖霊によって……これから先は心から喜んで彼のために生きるように整えてくださいます」と。キリスト者の全生活はそれ故、神の解放と保持に対する応答として形成されるべきである。問答書の構成では後になって［第三部で］出てくる主導的な言葉「感謝」というテーマがここですでに前面に踊り出ている。この点で明らかなことは、信仰はまったく内面的な心の問題として理解されるべきではないということである。信仰は実際に生きることにまで及ぶ。信仰は私たちの生活を形成する。第1問には「慰め」という言葉が含まれている。キリスト教信仰はさまざまな仕方で、場合によってはこの世で苦しみにあっていることの代償として、あの世での見返りを約束してくれる慰めをもたらすものとしても理解されるだろう。しかし「慰め」という概念は「なだめすかすこと」と同列に置くことはできない。この信仰問答書の主たる著者ツァハリアス・ウルジヌスは、ラテン語版において consolatio という概念を用いているが、これは「勇気づけ」とも訳すことができる。キリスト教信仰と、そこに含まれている神の認識は、生きる勇気を与えるものである。そう、死ぬ時にも。

神を認識すること

本章の初めの問いは、どのように正しく神について語ることができるだろうかであった。それはキリスト教会とキリスト者すべてにとって決定的な問いである。そして、問答書の答えは詰まるところこうなる。それはただ信仰の営みの中でのみ可能になると。神の認識は一般的に納得のいくようになる事柄ではない。この点で問答書は一つの循環を表現している。それは単純に論理的な推論をもって中に入り込むことのできない循環である。つまり神認識とは、私が主体として何かを、この場合にはまさに神を、客体として認識するというように単純に考えることのできないものである。何よりもまず神認識とは、まったく反対に、神が認識するということである。キリスト者は神を認識することにおいて、自分の方が神によって認識されているのだという事実によって生きている。そしてこの神の側からの認識は、ただ単なる（認識された！）人間が理解する以上のことであり、その人間の解放と保持を包含しているものである。認識は単なる知的な出来事以上のことである。ヘブライ語でこのドイツ語の「認識」に当たるのは「ヤダー（知る）」という言葉であるが、それは必ず常に親密な関係を表す表現である。たとえば、男と女が互いを知るということは、存在の全体をもって関わることの表現である。それがまた結局のところ、神の認識に関する問答書の解釈でもある。神の認識は、神が人間を「知り」、人間がこの神によって知られることを信じ告白することに懸かっている。神の認識は神が認識することに拠っている。

しかし、ここでこう問われるかもしれない。この問答書の方法的なアプローチは、今日ではもう妥当しないような社会的前提に依存しているのではないかと。一六世紀にドイツでキリスト教信仰は、ほかの宗教の居場所がないほど優勢なものだった（たとえばその一つであるユダヤ教徒に関して言えば、少なくとも脇に追いやられていた）。私たちは今日この中央ヨーロッパでは、次第に増えつつある多元主義的な宗教的状況の中を生きている。では、神について語ることが可能になる前に、人はまず「宗教」それ自体の現象から出発しなければならないのだろうか。それ故、神について語る実にさまざまな仕方が存在することを前提しなければならないのだろうか。

この問答書は、方法的にまったく違う仕方で始める十分な理由を持っている。問答書にとって決定的なことは、神について的確に語る保証があるということである。別の言い方をすれば、単に神の存在をあれこれ思案するのではなく、人間を神の交わりの相手とする神の特別なあり方をよく熟慮した上で、神について語っているのがこの問答書なのである。

このような議論の進め方の持つ根本的な問題は、外面的に説得力のある尺度が何も言及されていないという点に見出されるかもしれない。しかしそれは、裏を返せば長所として理解されうるものでもある。なぜなら、神の認識においては人間が神の判断基準にはならないからである。

ハイデルベルク信仰問答にとってこのアプローチは、私たちが正しく神について語るための唯一可能な道である。もし私たちが「神」という言葉を語るなら、私たちにご自身を認識させてくださった「この神」について語らなければならず、そうするためにもそれが唯一可能な道なのである。それ故「神」は、形容詞を付け加えることによって下位に属するものを指定できる上位の類概念ではない。たとえばヒンドゥー教の神々といったほかの特殊な形態と並ぶ一つの特別なあり方として、キリスト教的な神が存在するのではない。神は問答書にとって、最終的にはただこの方に対する信仰告白においてだけ正しく理解される一つの名前である。すなわち、イエスこそキリストなのである。

第2章
聖なる書物としての聖書
――神についての知識はどこから来るのだろうか

キリスト教信仰にとって中心的なドキュメント（記録文書）は聖書である。それは、少なからぬ数の現代人にとって古臭い一冊の本であり、大勢の人々の理解によれば、現代の諸要求に実際には応じることのない本である。それは、古代のさまざまなイメージが詰め込まれた本であり、第一印象ではただ過ぎ去った出来事について報告しているだけの本である。聖書はさまざまな文書の集成であり、最も新しいものでも推定上すでに一九〇〇年も経《た》つのである。

大部分へブライ語で著された旧約聖書の個々の文書は、ほぼ紀元前一〇〇〇年と四〇〇年の間に成立し（しかしこの点に関して学問的には最終的決着はない）、主要な部分はほぼ紀元前二〇〇年頃に一つにまとめられた。新約聖書の諸文書は、広く定着した解釈によれば、紀元五〇年から一三〇年頃の間に成立し、主要な部分は紀元一八〇年までにまとめられて新約聖書になった。個々の聖書文書は中近東の地域的特徴を示している。出来事が起こった場所は特に今日のエジプト、イスラエル、レバノン、シリア、トルコの国々の位置する領域である。

この関連で次のような問いが生じる。いったいこれらの古い記録文書は、どこまで現代のキリスト教信仰にとって、そう言われるような中心的な役割を演じることができるのだろうか。

聖書の権威の考えられる根拠

聖書の権威として今日よく挙げられるのは四つの根拠である。

第一によく挙げられるのが、「聖書の美しさ」とその高度な文学的資質である。聖書を知り、それを読む者は、聖書の中に著しく密度の濃い、部分的にではあるが非常に詩的なテキストを見出すだろう。時に心を揺り動かすことのある、世界文学に数えられてもおかしくない部分がある。旧約聖書では詩編やルツ物語、ヨブをめぐるドラマなどが考えられる。聖書の最初に置かれた創世記もそうである。明らかにそうした列挙をさらに続けることもできるだろう。新約聖書でも四つの福音書は独自のジャンルである。またパウロの手紙には賢明な知恵の言葉が見出されるだけでなく、人を魅了する章句、たとえばコリントの信徒への手紙一13章の愛の讃歌がある。今日までそれらに強く印象づけられてきた人々は決して少なくはなく、それももっともなことである。しかしこの点を主張したとしても、果たして聖書はそのことで、今提起している中心的な役割を果たすことができるかどうか、なお疑問の余地が残る。いずれにせよ、ほかの世界文学のテキストと聖書との間には根本的な違いはないのでである。

　第二に、ほかの人々は聖書の文化的な影響力を強調する。ヨーロッパの文化は多くの細分化された点に至るまで、聖書的な物語やテキストによって特徴づけられている。それは、絵画芸術や文学、また音楽にも当てはまる。ミケランジェロのダビデ像は世界史の最も偉大な彫像の一つに数えられるし、聖書の場面を描いたレンブラントの絵は幾世代にもわたって人々の心に深く刻み込まれてきた。トーマス・マンの『ヨセフとその兄弟たち』は、聖書の素材を改作した多くの文学作品を代表するものの一つである。そしてヨハン・セバスティアン・バッハのカンタータもヘンデルのオラトリオも今日に至るまで多くの人々の魂全体を魅了してやまない。聖書はほとんどの芸術家たちにとって単なる材料の寄せ集め以上のものである。聖書がなければ、彼らの作品の多くはまったく理解できない。いやそれどころか、何世代にもわたって醸成されてきた私たちは、もし聖書がなければ今日あるような私たちにはならなかっただろう。聖書の文化的な影響力は働き続けている。また（部分的には既成の教会体制と闘いながら勝ち取ってきた）人権や、人間の価値に基づく社会的な共同生活についての考え方でさえ、実は聖書的なルーツを持っているのである。とはいえ、こうしたことをすべて挙げても、聖書に今日的な権威を容認するのに十分な理由となるだろうか。聖書の与えた文化的影響力についての発言は、結局ただ歴史的な権威を聖書に帰すだけのことで、決して実際上の権威を承認したことにはなりえない。それはただ、どれほど聖書が過去の時代の芸術家たちを動かしたかを指摘することができるにすぎないからである。

第三に、またある人々は強調する。聖書とそのテキストは神から直接霊感を受けたものであり、それ故、本来の著者は聖書各文書の執筆者である人間ではない。神が彼らにいわば言葉を口述したのであると。この点から出発する者にとって、聖書は神の言葉と同一である。聖書の中にあるすべては神ご自身に由来するからである。しかし、ここ一、二世紀の聖書の研究は、さまざまな聖書文書を性急に調和させることはできないことを明らかにした。文書間には違いがあり、しかもしばしば明白な対立もあるからである。いくつかの箇所は矛盾している。一例だけ挙げれば、ユダはマタイによる福音書によれば自ら首をくくって死んだのだが、使徒言行録によれば地面に落ちて死んだ。また今日の解釈ではもはや支持されないと言わざるをえないいくつかの陳述もある。創世記3章でへびについて「塵を食らう」(3・14)と言われる。これは、おそらくへびの移動の仕方[「お前は生涯這いまわり」]に基づいての説明的な主張であろうが、決して自然科学的に支持されうる主張ではない。こうしたことから次のような結論が引き出される。もし聖書が神の言葉と単純に同一であり、その中のいくつかの発言は今日もう通用しないとすれば、神についてこう言うほかはない。すなわち、神は間違ったことを語ったのであり、聖書の間違いに神は自ら責任を負っているのだと。しかしそれはきわめて問題のある考え方である。

第四に、しばしば表明される聖書の権威の根拠は、著者たちの経験を指示するという点に見て取れる。聖書の著者たちはいわば神を体験したのであり、それを書き留めて私たちに伝えたのである。そして彼らの体験はまさに神を示しているので、それは私たちにとっても重要なのである。この解釈は次の点で長所を持っている。すなわち、（第三の場合のように）聖書の字面《じづら》を神の語りと同一視するのでもなく、また（最初の二つの場合のように）聖書の意味を神の語りかけとは無関係に見ようとしているのでもない。しかし、この立場にもまた――たとえ頻繁に主張されるにしても――思わぬ罠《わな》が隠されている。そこでは、決定的なことが聖書に書かれている事柄そのものではなく、聖書の字面の背後にある体験ないしその背後にある人間が味わった経験だからである。この立場で誰かが聖書を読む場合、直接の内容に注意するのではなく、どのような体験ないし経験がこのような発言に導いたのかを問わねばならないことになる。聖書のテキストにおいては、必ずしも常に人間が特別な神体験をしたことが語られているとは限らない。その意味でパウロの手紙は、具体的なもろもろの要求、あるいは基本的な神学的問いに関して、さまざまな議論をもって返答したものである。もしどのような体験がパウロの文章の背後にあるのかということが重要であるなら、彼が発言したことは、ただ本来の体験を理解するための手段としてだけ重要だということになってしまう。

おそらくこれら四つの弁論は多くの混じり合った形でも存在するだろう。あるいはまた、聖書の特別の機能と役割を説明する別の考え方もあるかもしれない。しかしいずれにしても、この権威を問う問いに逃げずに立ち向かうことが重要である。今の時代、いくつかの分野では、もう一〇年も古くなった認識はまったく使いものにならないとされている。そんな時代にあって、聖書ははるかに古いドキュメント（記録文書）として存在している。それなのにキリスト者の眼からすると、決して廃れたものとは見なされていないのである。

ハイデルベルク信仰問答における聖書の役割

ハイデルベルク信仰問答は、歴史的な聖書批評が恐る恐る慎重な一歩を踏み出し始めた頃に成立したものである。もちろん問答書の中に歴史批評についての痕跡を見出すことはできない。また当時ローマ・カトリックとプロテスタント教会との間に聖書の位置づけをめぐって意見の相違があったとしても、聖書の持つ原則的に高い価値に対する根本的な問いかけは、その当時にはまだ存在しなかった。おそらくそのためにであろうが、ハイデルベルク信仰問答には直接聖書の権威を反省するような固有の問いは見出されない。ただしいくつかのほかの信仰告白文書には、正面からそれに触れた箇所がある[1]。

しかし同時に言えることとは、この問答書が聖書の陳述を指示する豊富な引証箇所を含んでいることである。別の言い方をすれば、ほとんどの表現にも聖書から選ばれた箇所が指示されている。ついでながら、そうしたらどうかという提案はプファルツ選帝侯フリードリッヒ三世に直接遡ると言われている。聖書箇所の指示は「証明」の意味で書き加えられているのではない。神学の歴史ではよく「証明スル言葉（dicta probantia）」というものが添えられるのが習わしだった。すなわち、どの陳述も聖書の引用をもって直接根拠づけられたのである。問題はその際、聖書の陳述が文脈から引き裂かれるということが起こりかねず、文脈のないただの「引用文」としてだけ用いられてしまうという点にある。ハイデルベルク信仰問答では、それはむしろ典拠としての指示である。少なくともこの表面的にすぐ見て取れる特徴を指摘しただけでも、ハイデルベルク信仰問答にとって聖書が明白な権威を持っていることは一目瞭然なのである。

「あなたはそれをどこから知るのですか」

問19　あなたはそれ〔神の贖いの業〕をどこから知るのですか。

答　聖なる福音からです。神ご自身がそれをまず楽園で啓示してくださり、その後、聖なる族長と預言者たちを通して宣べ伝えさせ、犠牲とほかの律法の習わしを通して前もって形作り、最後にご自身の愛するひとり子によってそれを成就してくださったのです。

ハイデルベルク信仰問答では、神の贖いの業をどこから知るのですかということが明確に問われている。それが問19である。実はそれに先立つ問答〔問12－18〕において、イエス・キリストの特別な働きが考察されたのである（その点について本書ではもう少し後で取り上げる）。そして今考察を終えるに当たり、「あなたはそれをどこから知るのですか」と改めて問答書は問う。答えは「聖なる福音からです」となる。では福音とは正確には何なのだろう。それが問19でさらに説明される。この短い文章の中に、ハイデルベルク信仰問答の視点から見た聖書の権威の理解もまた厳密に表現されている。というのも、問19のさらなる説明において述べられていることは、いわば聖書内容の簡潔な要約だからである。旧約聖書は、聖書の初めに置かれた楽園物語、族長であるアブラハム・イサク・ヤコブ、預言者たち、そして総じて律法が神の指令として果たすその特別な役割によって特徴づけられる。これらすべてが新約聖書において頂点を迎える。旧約の諸特徴はすべてイエス・キリストの歴史を指し示しているからである。「あなたはそれをどこから知るのですか」という問いはそれ故、「聖書からです！」という答えを見出すことになる。しかし同時に気がつかねばならないことは、「聖書からです」が問答書の与える答えではないということである。なぜならそこでは、ほかならない「聖なる福音からです」となっていたからである。それ故、「福音」と「聖書」とは互いにどのような関係にあるのかについて、よく考えねばならない。

聖書は福音を指し示している

問答書にとって決定的なことは――おそらくそう言うことができるだろうが――、聖書の内容を表現している福音である。福音は新約聖書にだけ見出されるのではなく、聖書全体に見出される。とはいえ、そこには違いもある。福音は楽園で啓示され、旧約の傑出した人々によって宣べ伝えられ、律法によって前もって形作られた。これら三つの言葉は、理解することと認識することが重要であるということを示唆している。ハイデルベルク信仰問答の解釈によれば、この福音はイエス・キリストの到来において成就したのである。そのことはすなわち、イエス・キリストは福音と同一であるということである。これに対して旧約のテキストは彼を指し示しているにすぎない。ところで、問19では新約のテキスト自体は取り上げられていないが、今述べたことは、別に新約のテキストが旧約の文書より価値があるなどということを意味しているわけではない。なぜなら旧約聖書もひとえにイエス・キリストを、それ故福音を指し示しているからである。もちろん旧約の諸文書が同じように神の御子と同一視されるということではない。だから聖書は福音と単純に同列に置かれるものではない。そうではなく、聖書の特別の働きは、問答書にとってはイエス・キリストの歴史と同一視することのできる福音を指し示すことにある。

一方で、このような表現方法においてまず注目されることは、いかに旧約聖書が強調されているかということである。キリスト教会にはしばしば、教会は旧約聖書に別れを告げるべきだと主張された時期があった。すでに紀元後二世紀の初期の教会で、船主だったマルキオンが関心が向けたのは、旧約聖書には問題があるということを明らかにすることだった。あまりにも多く地上的なものが含まれているというのである。そしてついに二〇世紀になってドイツ・ナチズムの時代に「ドイツ・キリスト者」は、ドイツの教会のために、何とユダヤ人の旧約聖書をゲルマン人の英雄叙事詩エッダと取り替えるように試みたのである。確かに、今でもかなりのキリスト者が聖書のこの部分［旧約］には手を焼いている。そこにはそれぞれ多くの理由がある。旧約の怒る神を新約の恵み深い神と対立させる言い方を何度も耳にする。しかしこの点でハイデルベルク信仰問答は別様に考えている。福音とは、旧約と新約を互いに結び合わせる贖いの歴史である。

他方で、ハイデルベルク信仰問答は旧約聖書をイエス・キリストの歴史から逆に読む。第二次世界大戦中ユダヤ民族撲滅キャンペーンが起こったが、その反省からそれ以後の時代、神の民イスラエルに対する神の変わらざる信実が正当かつ有意義に強調されるようになった。多くの州教会ではそのことが教憲にも謳《うた》われた。しかし時折、キリストの故にこの民イスラエルの変わらざる選びが強調されると、キリスト者が旧約聖書をあまりにもイエス・キリストから読み過ぎるのではないかという心配が生じるようになった。そのため、旧約聖書はむしろヘブライ人の聖書なのだとあえて語る人々もいる。中には、この関連で旧約と新約の一体性を福音の中に見るなら、新約聖書が旧約聖書を占領してしまうのではないかと危惧する人もいる。その場合、旧約聖書自体にはない異質な見方が、旧約聖書にいわば無理やり押しつけられることになる。ハイデルベルク信仰問答はそのようにはしていない。問答書にとって福音は神が人間を自由にするただ一つの歴史であり、その解放のただ一つの歴史がイエス・キリストの中に決定的な強調点を持っているのである。イエス・キリストの到来が、キリスト者にとっての福音的な意義において初めて旧約聖書を解き明かすのである。旧約聖書が福音を何も含んでいないということではない。おそらくこう言える。旧約の中で啓示され、宣べ伝えられ、あらかじめ形作られたものが、イエス・キリストの到来において全世界に妥当する成就を見出したということである。

聖書は律法を指し示している

問3　あなたはどこからあなたの悲惨さを知るのですか。
答　神の律法からです。
問4　では神の律法は、何を私たちに要求していますか。
答　キリストは私たちに、次のような言葉でこう教えています。「心を尽くし、精神を尽くし、思いを尽くして、あなたの神である主を愛しなさい。これが最も重要な第一の掟である。第二もこれと同じように重要である。隣人を自分のように愛しなさい。律法全体と預言者は、この二つの掟に基づいている」［マタイ22・37－40］。

問19とよく似ている質問が問3に見出される。そこではこうなっている。「あなたはどこからあなたの悲惨さを知るのですか」。そして答えはこう続く。「神の律法からです」と。問いと答えは問19と並行して構成されている。おそらくここでも答えの目指すところは聖書を指し示すことにあると推測できるだろう。この推測は的確である。問４はすぐにこう続ける。「では神の律法は、何を私たちに要求していますか」。そしてよく知られた愛の二重の戒めをもって答えている。すなわち、神への愛と隣人への愛、これこそ律法の精髄であると。ハイデルベルク信仰問答はここでマタイによる福音書22章を引用している。この箇所は旧約聖書の引用を組み入れたものである。それ故この点でも、いかに旧約聖書と新約聖書が一体をなしているかが見て取れる。神学においては時折、「旧約聖書＝律法」、「新約聖書＝福音」という不幸な分け方が登場した。問答書はこの分け方に反対している。二つの要素――律法と福音――が旧約にも新約にもあることを見ているからである。本章は「律法」とは厳密に何を意味するのかを詳しく考察する場所ではない。ここでただ簡潔に言えば、一方で律法は私たちの生活に対する神の変わらざる要求を明確にする。他方で問答書は、人間がこの要求を満たすことができないということもよく知っている。

　律法とは何であり、それ故、神は人間の生活から何を望んでおられるのかということが明らかになる場所は、問答書の解釈によれば聖書である。神の律法は、良心を通してすべての人間に共通に与えられている善悪についての知識ではない。またそれはある特定の時代の定められた道徳的な考え方と同一視されうるものでもない。何が神の御心なのか知りたいと思う者は、聖書の教えを守るようにとの指令を受ける。同時に、律法が愛の二重の戒めに要約されるということで明らかになることは、聖書の中に見出される個々の律法が重要なのではないということである。神の律法は、聖書の中にも記録されている個々の諸規定と同列に置かれるものではない。その意味では、聖書はそのまま神の律法「である」とは言えず、ただそれを指し示すものなのである。

律法と福音、もしくは神認識と自己認識

宗教改革者たちにとって「律法と福音」という対概念は、キリスト教の使信を本質的に理解する手助けをしている。その際マルティン・ルターにとって決定的なことは、私たちは恵みに依り頼んでおり、神こそが私たちを義とするのだということである。私たちの罪を赦してくださるのは神だからである。「律法」という言葉のもとでルターが理解していたことは、私たちが人生において神に喜ばれる生き方をすることができないという事実を明らかにするものが、まさに律法にほかならないということである。私たちは神の赦しを必要としている。聖書の中に見出されうる戒めも、私たちはそれを満たすことができないということを特に強く私たちに示す。そのことで戒めは重要な課題を果たす。すなわち戒めは私たちを福音へと導く。私たちが必要としているのはこの福音なのである。人は、戒めを行えばもう福音は要らないと思い込むことがあるかもしれない。ルターはそのことを恐れ、戒めを行うにはどうしたらよいかという問いをほとんど追求しなかった。ジャン・カルヴァンは原則としてルターに賛同した。しかしカルヴァンにとっては、私たちは罪人なので神への愛と人間への愛を特

徴とするような生き方ができないという認識が、今の生活にとって戒めに背を向けてよい理由にはならなかった。まったく反対に、律法の「本来の」意義は、私たちがそれを実践することにある。とはいえカルヴァンも、戒めのごく一部を守っただけなのに、私たちはそのことで神と隣人の前に自分を実際よりも良く見せようとする危険の中にいるということを知っていた。

ハイデルベルク信仰問答はその構成において、いかにこの問答書が二人の宗教改革者の見解を結び合わせているかを示している。この点で実によく考え抜かれた問3は、律法をもって始め、それに罪人であることの認識が続く。そしてその律法に福音が続く。これはルターを思わせるものである。しかしその第三部[2]においてこの問答書は、「感謝」という主題のもとで律法の本来的な意義を考察している。律法の本質は、神への愛と人間への愛において自分を方向づけるような生活とはどのようなものなのか、人間に指示を与える点にある。

この意味でハイデルベルク信仰問答において律法と福音の二つの概念は、偶然の成り行きで選ばれているのではない。両者は聖書の本質的な内容を簡潔に記すことに役立っている。律法は私たちの無能力と課題を指し示し、福音は人間に対する神の憐れみを指し示している。

頭だけで聖書を読むより重要なこと

聖書の中で重要な主題となっていることは、まさに神が私たちに身を向けることと私たちが神に背を向けることという、この対立するものの関連づけである。ところで、聖書を読む者が誰でもすぐにそのことを理解するわけではない。二一世紀の人間として生きる私たちもこの人間と共なる神の歴史の中に入れられているのだということ、そのことをみんながすぐ理解するという状況ではない。人は「喜びの知らせ」としての福音を聞くことなしに、聖書を読むことができる。福音を括弧に入れて、どのような読解の技術をもって「より多くの意味」をテキストから引き出すことができるかを考量することもできるだろう。しかしそうした人間の能力を過大評価しないということが、この問答書の解釈の取る立場である。すなわち、ハイデルベルク信仰問答の解釈によれば、聖書において本当に重要な事柄の実存的な意味を理解するためには、聖書を信じつつ読むことが必要なのである。この場所で「信仰」とは何か(3)を詳しく考察することはしないが、少なくとも言えることは、信仰は理性を放棄することではないということである。信じつつ聖書を読むということは、聖書の中の記述を何でも丸ごと起こった事実の報告として理解することを意味しない。そうではなく、信じつつ聖書を読むことは次のことを意味する。すなわち、もし聖霊において神から贈られた信仰がないなら、福音が実際に人間に対する神の慈愛であるという事実への信頼も存在しないということである。信仰をもって聖書を読む者は誰でも、聖書が人間に対する神の慈愛について物語っているということ、より詳しく言えば、旧約聖書も新約聖書も人間に向けられた神の行動を主題化しているものだということが分かる。信仰なしにこれらの陳述を理解することがありうるとしても、それは聖書を古代の著者たちの文学作品として聞きかつ読んでいるだけである。だから信仰において聖書を読むことは、聖書を、まさに今神について語っている文書として読むことを意味する。

もちろん、それはどのようにして起こるのかという問いは残る。限界を持った知性と単なる人間の表象能力しか兼ね備えていない人間が、いったいどのようにして、自分自身についてだけでなく、実際に神について語ることができるのだろうか。理論的に言えば、この問いには答えられない。ここで再び第1章の終わりで言及したあの循環を指し示すべきである。すなわちそれは、ただ実際に信じることの中においてだけ可能なのであると。

結論的に言えば、聖書は自分だけで存在しているのではない。それは補助的な機能［聖霊による信仰］を必要としている。聖書は私たちに福音を指し示しているのだが、しかし信仰を持たずに聖書を読む者が誰でも、多様な聖書テキストを「喜びをもたらす」使信として理解することに成功するわけではない。そのためには神の良き霊を必要としており、問答書は、神がそれを豊かに分け与えてくださるということから出発するのである。

内容が聖書の権威性を基礎づける

何が聖書をこのような特別な書物、まさにキリスト教の中心的な書物にしているのだろうか。この章の初めで私たちはそのように問うことから始めた。そして答えは今やこうなる。聖書の権威はその内容に基礎づけられていると。なぜかと言えば、聖書は神について物語り、良き知らせについて、そして神の良き行動について語っているからである。なぜなら、聖書は神の福音と律法を指し示しているからである。なぜなら、聖書は私たちに、イエス・キリストにおいて知ることのできる神の愛から私たちの人生を受け取ることが私たちにとって良いことであり、それどころか生きる上で必要なことなのだということを分からせようとしているからである。聖書は孤立して存在しているのではない。キリスト教的な共同体、そして教会全体の生活と働きも、結局良き知らせを伝えるという聖書と同じ課題を持っているからである。しかしまさにそのためにも、キリスト教的世界は聖書を必要としている。聖書がなかったら、キリスト教的世界といえども、福音を知ることはなかっただろう。聖書は単に自分自身について語っているだけでなく、事実として自分を超えた神について語っている。それはただ信じつつ語ることができる事柄であり、外に立って傍観者として主張することのできないものである。

そのようにしてこの問答書は、初めに述べた聖書の権威に対する四つの根拠のすべてと異なっているのである。

第一の点に関して、聖書が高度な文学性を持っているということは正しい。そこには、聖書テキストの美しさに何度も喜ばしい気持ちになり、元気づけられる十分な理由がある。この点で聖書はほかの世界文学と同列に位置づけられる。しかし決してこれらを凌駕するものではない。いやそれどころか人は、聖書の章句がすべて文学的に高度な資質を持っているとはとうてい言いがたいと言わなければならないだろう。

第二の点に関しても同様に、西洋文化が聖書によって特徴づけられており、多くの人々に受け入れられ解釈されている聖書の物語や人物をよく知る場合に初めて、西洋文化の大部分の領域は理解されるのだということは、もちろん間違ってはいない。しかし、聖書の影響力が薄れて、ほかの文化的発展の方がより強く影響を及ぼすこともあるという事実は、原則的に排除できない。私の観察するところ、少なくともドイツ文化の現在の特徴は、聖書的な考え方やテキストを以前よりわずかしか受け入れていない点にあると断ぜざるをえない。聖書はただほのめかされ、改作されて用いられることもあるだろう。しかし現代の人間にとって聖書は、そのような一般教養にすら属さない傾向にあるからである。

第三の点に関して言えば、逐語霊感説は、文書化のプロセスに神が直接介入したと説明する型どおりのやり方で、聖書のテキストを現在あるがままの形で守ろうとする。しかしそこでは何が起こるだろう。ハイデルベルク信仰問答の見方からすると、そこでは二つの区別されるべき段階が同一視されている。問答書は、福音は聖書と同じではなく、むしろ福音は聖書によって証言されているものだと見ている。聖書は人間によって書かれたものであり、それに対して福音は神的なものである。それ故問答書の見方によれば、人間的な証言を人間の言葉として探求することは神学的にも正しい。しかし聖書は福音から読まれる場合に、初めてその本来の地平をあらわにする。問答書はこの点で聖書と福音を同等視していない。聖書は単に字義通りの意味で神の言葉「である」とは言えず、神の言葉を証言しているものである。これに対して逐語霊感説の教理は、聖書と神の言葉の同一視をもって、イスラム教徒がコーランにそうするのと同じ位置に聖書を置いてしまう傾向にある。

　聖書に権威を与える第四の根拠は、一見すると問答書にとって一番近い立場であるように見える。この立場でも、聖書のテキストが最後の言葉なのではなく、その背後にある著者たちの経験が重要であると言われる。しかし問答書はこの道を取らない。というのは、まさに今言われた視点では、聖書の著者たちが何を言わなければならなかったのか、その内容に重点が置かれるよりも、背後にある体験ないし経験がどのようなものだったのかに重点が置かれるからである。この場合の体験はしかし、個人によってさまざまであり、単純にイエス・キリストにおいて認識されるべき福音と同一視することはできない。この第四の考え方とは違い、問答書が主張することは、決定的な仕方で示されているのは著者たちの経験ではなく、イエス・キリストの福音であるということである。著者たちが彼らなりの経験をしたこと、それらが何らかの仕方で聖書テキストの中に表現されるに至ったことに論争の余地はない。だからこそそれは人間的なテキストなのである。しかし問答書にとって決定的なことは、テキストの中に現存する神の歴史への視線なのである。

聖書の権威主義的ではない権威

キリスト教の信仰にとって聖書をそれほど重要なものにしているものは何だろう。それはその内容である。これが問答書の答えである。その内容が聖書の権威性の決定的な根拠である。しかし重要なことは、ここで権威と権威主義的な態度との混同が起こらないようにすることである。聖書は権威主義的ではない。聖書は強要しない。もちろん聖書の影響史は、権威主義的な傾向によっても特徴づけられる面があった。人間が聖書を自分の手中に収めようとして、聖書が彼ら自身に対しても対峙していることを見ることがなくなった時、聖書は権威主義的になった。しかし聖書の内容は、究極的には人間が自分たちの考え方の枠組みに収めきることはできず、神は世界に常に対峙しておられるのである。権威主義的な真理要求は読む者、聴く者の成熟さを真剣に受け止めていない。聖書はしかし、それとは違うように私たちに近づいてくる。聖書はまさに読む者、聴く者の彼らなりの成熟度をそのまま受け入れて、それを聖書の展望に組み込もうとする。聖書は時折素朴な人間の言葉で、ある一つの神的な歴史、いや、ほかでもなくあの神の歴史を物語っている。聖書は物語り、報告し、私たちが驚き感謝し深く心動かされながら神の歩まれる道を身をもって知るようにと、私たちを招いている。そこに聖書の権威がある。

第3章

知ること、本当だと思うこと、そして信頼すること

——「信じる」とはどういうことなのだろうか

「信仰」という概念はとらえどころがない。一方でそれは、いわば一つの宗教の内容の全体を指している。たとえば、キリスト教の信仰あるいはイスラム教の信仰について語る場合のようにである。他方で「信じること」は、どちらかと言えば私的な領域に属しており、たとえば「知ること」とは一般に区別されている。

主観的な人生観の表明としての信仰

まさに後者の考えは、多くの人々が信仰をまったく個人的で主観的な領域に押しやる結果を招いてしまった。「信じること」が多くの場合どのように理解されているかを示すために、ここでは二つだ

け事例を挙げよう。

　第一の事例は、アメリカの小説家にして冷笑家アンブローズ・ビアスに見出される。彼は『悪魔の辞典』の中で、信仰という見出し語をこう表現している。「信仰……類例がなく、証拠がなく、知ることもできないくせに誰かが告げたことを本当だと思うこと」[1]。ビアスによれば、信仰とは本質的に否定的にしか表現できない。類例がなく、証拠がなく、知ることもできない。あるいは別の言い方をすれば、信仰の客観的根拠は存在しない。信じる者は、主観的なレベルで彼らにとって本当かもしれないものにすがりついている。信仰はそれ故、まったく主観的なものであり、何らかの仕方で正しいと証明される真理とは無関係なものである。

　二つ目の小さな近似的事例を挙げよう。オランダの神学者ハリー・M・カイテルトは数年前一冊の本を著し、それはたちまちオランダでベストセラーになった。この本は『私は疑いを抱いている』[2]という題でドイツ語に翻訳された。オランダ語のタイトルは内容をもっと明瞭に表している。その正確なドイツ語の翻訳はこうなる。『一般に疑われている信仰』[3]。その本の表題はオランダ改革派教会においてベルギー信条が数年前までふつうに唱和されてきたことをあてこすっている。礼拝での信仰告白の唱和は、教会規程の準則によれば、非常に長い間、次の言葉をもって始められてきた。すなわち「一般に信じられている信仰」、直訳すれば「一般に疑われていない信仰」である。この言葉に続いて教会の教えにとって基本となる信仰表明の内容が唱和されたのである。カイテルトが彼の本を『一般に疑われている信仰』というタイトルで出版した時、彼は、あらゆる人間、そしておそらくあらゆる教会員が必ずしも信仰告白のすべての陳述を疑いもなく受け入れているわけではないということを出発点にしている。むしろカイテルトは、信仰の内容に関して不確かな現代人のことをよく知っている。神、イエス・キリスト、あるいはまた教会についての若干の陳述は彼らには疑わしいものとなっている。重要なことはもはや何が教会における公式の表明かということではない。個々の人間がそれぞれ正しい、もしくはあまり重要ではないと判断する事柄が重要なのである。そこでこういう表明になる。「私は信じている。しかし問題は何を信じているかだ」と。信仰の内容は二番目に退き、むしろ疑いの対象になってしまった。信仰はそれ故、内容はどうあれ、より内面的な心のあり方ないし態度を表すものになる。それは個人的な自分の生きる姿勢なのである。人間が何を信じているかは二義的なものになる。おそらく教会のある人々は「私は処女降誕を信じる」と言うだろう。またほかの人々は「私たちは信じない」と言う。カイテルトはなるほど正確に見抜いていた。その考察の土台となる出発点は、同じ一つの教会であるのに、その中にも存在する信仰認識の多様性である。しかしそのことは、信仰の事柄における個々人それぞれの意見が最後の言葉だということになるのだろうか。信仰においては今述べてきた原則的な主観性が効力を持つのだろうか。

信仰の体系と個人主義化

ハリー・カイテルトの本のタイトルを手がかりに今顧みた議論は、それ自体としては決して新しいものではない。カイテルトに見られるような［自分の属する正統的な］オランダ教会からの離脱の動きは、一七世紀に起こったいわゆる「正統主義」との対決の中によく似た先例を持っているからである。「正統主義」とは東方正教会のことではなく、宗教改革後まもなく起こったプロテスタント教会の神学運動のことである。その主要な関心事は、宗教改革の認識を堅持し、確実なものにすることにあった。ルター派の側でも改革派の側でも、しばしばアリストテレス哲学の助けを借りて、プロテスタント神学の決定的特徴となる教理命題の体系を構築しようとする神学者たちがいた。正統主義は「正しい教え」（それで正統主義と訳されるのだが）を一面的に強調するので、敬虔主義と啓蒙主義の両方の側に二重の対抗運動を引き起こした。敬虔主義は教理命題それ自体を問うことなく、心情の敬虔さに全幅の信頼を置いた。そこでは正しい教えに対する同意は決定的なものではなかった。重要なことはむしろ、各自ができる限り自分で罪の赦しを効果あらしめることだった。それ故、信仰の中心と見なされる一人ひとりが決定的なものになる。また啓蒙主義は敬虔主義とはまったく異なる考えを持っていたのだが、それにもかかわらず両方の運動は、個々の人間への集中という点で一致する。しかし敬虔主義とは違って啓蒙主義では、信仰ではなく個々人それぞれの確信が強調された。信仰の事柄においては、ほかの誰も私のことで何かを決定することはできないし、またそうすることも許されない。ただ理性だけが決定的な判断力を持っている。したがって、啓蒙主義では信仰の伝統が疑われ、それどころか時には非難された。この点では敬虔主義と啓蒙主義との間に根本的な対立が見られるにしても、両者はしかし、正統主義への反発において一致しているのである。外から押しつけられる教理の体系は自分にとって重要ではなく、あくまで私の物の見方が重要なのである。

現代の私たちの信仰理解を規定しているのは正統主義ではない。むしろとりわけ強く啓蒙主義によって、また（どちらかと言えばわずかだが）敬虔主義によって明らかに規定されていると言える。

ハイデルベルク信仰問答における信仰の理解

正統主義よりも前に成立したハイデルベルク信仰問答は（すでに第1章で見たように）、「神」という概念から始めない。また信仰ということで何を理解しているかの説明をもって始めることもしない。「信じる」という主題は問20で初めて登場する。もちろんその際、問19までの陳述はすべて「信仰において」なされたもので、何らかの中立的な立場でなされたものではないということは初めから明らかである。問答書全体の本質的な陳述の要約として理解してもよい問1とその答えの文章すべても、信仰による文章であり、しかも個々人の信仰の営みも皆そこから出発するのである。そして問答書が「生きる時も死ぬ時もあなたの唯一の慰めは何ですか」という問いに対して、「体も魂も、生きる時も死ぬ時も、私が私のものではなく、私の信実な救い主イエス・キリストのものだということです」と答える時、それは信じている人間によって語られた言葉であり、これからも語り続けられる言葉である。しかしそこには「信仰」という言葉はどこにも現れない。本質的な事柄は「信仰において」語られる。そのことはいちいち断る必要もない。ハイデルベルク信仰問答において何よりもまず第一に視線が向けられているのは、信じている人間ではない。スポットが当てられているのは、キリスト者が信じている方、まことの神にしてまことの人間であるイエス・キリストであり、人間に完全な贖いと義を贈られる方である。問1から問19でなされているのは、ただそのことだけである。そして問20で、ではイエス・キリストにおいて起こったことはどのようにして人間に分かち与えられるのか、どうしたら人間はこの現実に通じる入り口を見出せるのかについての考察が始まるのである。

そのような論じ方をすることで、いったいハイデルベルク信仰問答は何をしているのだろうか。当然まったく違うように行うこともできただろう。何が信じる人間と信じない人間を区別するのかと、そう問うこともできただろう。あるいは、もし信じるなら、人間は何をすることになるのかと問うこともできただろう。そのような問いは、差し当たりハイデルベルク信仰問答にはまったく登場しない。神の行動が視野に入ってこなければ、問答書は信仰について語ることはできない。すでに問1とその答えにおいて注目すべきなのは、まさにそのことだったのである。

ちなみに、このことはどこまでも聖書の規準に沿うものである。たとえば旧約聖書のアブラハム物語の最初に私たちが見るのは、神とはアブラハムを呼び出す方であるということである。それを受けてアブラハムは、この自分を呼び出した方に信じ従うのである。神が行動し、開始し、呼び出す。そして人間は神の行動、開始、呼び出しに信仰において応えることで反応する。簡潔に表現すれば、それは一方的に始められるコミュニケーションである。それがまた新約聖書全体の根本特徴でもある。イエス・キリストにおいて神の到来が出来事になる。それに応じて人間は信じる。復活が起こる。それに応じて人間は信じ始める。聖霊がエルサレムにいた人々の上に注ぐ。それで教会、すなわちイエス・キリストを信じる者たちの交わりが生まれ育つのである。ハイデルベルク信仰問答を理解しようとするなら、この根本特徴を見失ってはならない。

真実の信仰とは何か

そのように以下に見るハイデルベルク信仰問答問21は記述されている。問答のやり取りをそのまま受け取れば、人はこう思うかもしれない。ここでは、どの宗教が本物なのか、それ故どのような信仰が正しいものなのか、ひょっとして誤った仕方で信じているとしたら、ではいったい何が本当の信仰なのかが問われているのだと。しかしそのような問いにハイデルベルク信仰問答は答えていない。問答書が問うているのは、すでに成立している関係の内部での真実の信仰である。だからそれは内部からの問いであって、外部からの問いではない。そしてその答えは、信じるということで何を理解したらよいかを述べることによって探し求められる。まずここで三つの概念が目を引く。認識、真実と見なすこと、そして信頼することである。

認識としての信仰

問21　まことの信仰とは何ですか。

答　まことの信仰とは、それによって神が私たちに御言葉において啓示してくださったすべてのことを真実であると見なす確かな認識のことです。しかしただそれだけではなく、聖霊が福音を通して私のうちに働く心からの信頼でもあります。それは、ほかの人々に対してのみならず、この私に対しても、ただまったくの恵みから、ひとえにキリストの功績の故に、罪の赦し、永遠の義と祝福が神から贈り物として与えられるということへの心からの信頼です。

信仰はまず第一に認識であると言われる。ハイデルベルク信仰問答の主たる執筆者ウルジヌスは、別にこの概念を新たに付け加えたというわけではない。彼には何人かの先駆者がいる。その一人はジャン・カルヴァンである。ジャン・カルヴァンはジュネーヴ信仰問答を次のような言葉で始めている。「人間の人生の意味は何ですか」。そして彼の答えはこうである。「私たちの創造主なる神を認識することです」。

ではハイデルベルク信仰問答は神の認識ということで何を理解しているのだろうか。本来その答えはこの問21の答えではなく、問答書全体の構造の中に見出される。というのは、これに引き続いて問22から問答書は使徒信条の講解を始めるからである。それは問58まで続く。問答書は神の認識ということで何を理解しているのかという先ほどの問いに対する答えは、いわばこの使徒信条の中に見出されるのである。使徒信条はそれ故、信じることに付け足された補足ではなく、信じることを構成している本質的な要素である。この信仰告白が言い表している対象は神の行動である。神は世界を創造された。神は御子イエス・キリストにおいて世界へと到来された。そして世のために処刑され、世のために甦り、聖霊を贈り物として送ってくださり、再び来てくださる。死は最後の言葉ではない。これらすべてを使徒信条は言い表している。そしてすべてが――人はそれを世界と共なる神の歴史と呼ぶこともできるだろうが――神の認識に属している。あるいは簡潔に言えば、神の認識とは、イエス・キリストにおいて啓示された神の人間愛の認識である。この点で私たちはここでも第1章で述べたことをもう一度繰り返すことができるだろう。すなわち、ハイデルベルク信仰問答の意味においてもまた聖書の意味においても、認識とはその人の存在全体に関わるものとして位置づけられる。つまり、単に知性においてではない。認識するということは、すぐれて一つの出来事である。認識するということはそれ故、人間存在の全体に関わる。そしてまさに神認識こそそのようなものなのである。認識すること（cognitio この概念をカルヴァンはより高く評価した）、あるいは知ること（notitia 後代の神学はこちらの表現をより多く用いた）は、信仰の本質的な構成要素である。内容のない信仰、つまり信じている事柄についての知識のない信仰は、ただ表面的なものにすぎない。

ドイツの多くの教会員は信じている内容をきちんと述べることができないので、まったくのところ一つの危機の中にいると語ることもできるだろう。堅信礼教育ではこれまで志願者には過度な要求である多くの内容を一方的に教え込むことがなされていた。しかしここ二、三〇年、そうしたやり方を取らないように工夫されてきた。この点から言えば確かによくやってきている。しかしそれでもなおキリスト者が成熟した自覚的信仰を持つには至っていない。この打つ手のなさを克服する対策はまったく控え目にしか講じられてこなかったし、なされたとしてもしばしば非常にわずかな成果しかもたらしていない。

「真実であると見なすこと」としての信仰

「真実であると見なす」という表現は言い回しだけからすれば非常に奇妙に聞こえる。神が私たちにその言葉において啓示したすべてのことを真実であるとみなすことは、結果として表面的な聖書主義になるかもしれない。確かにこの言い方、そして「真実（Wahrheit）」という概念は、たびたびそのようにも理解されてきたのである。しかしこの「真実」という言葉は、「まことの信仰」を問う問いにおいてもまた答えにおいても、単に私たちが今日使う意味で理解されるべきではない。なぜなら今日真実とはふつう「確かに事実である」ということを意味するからである。聖書的な文脈からすれば、――そしてハイデルベルク信仰問答はこの点で聖書的な思考方法に従っているのだが――この言葉は別様に理解されるべきである。ヘブライ語で真実とは「エメート」という言葉である。そしてこの言葉は何よりもまず信実（Treue）を意味する。もし神が真実の神と呼ばれるなら、そのことはすなわち、神とはご自身に対しても被造物に対しても信実な神であることを意味している。そしてもしイエス・キリストがヨハネによる福音書14章6節［わたしは道であり、真理であり、命である］にあるように、ご自分を真理として特徴づけておられるのであれば、このことは、彼において神の信実が啓示されたのだということを意味している。したがって、ハイデルベルク信仰問答のこの箇所で「神が私たちに御言葉において啓示してくださったすべてのことを真実であると見なす」ということは、決して単純に聖書のどの言葉も確かに事実であるということではない。むしろそれは、聖書の言葉に信頼するということであり、聖書の言葉に忠実に向かい合うということを意味する。ハイデルベルク信仰問答に先立って書かれた問答書［ウルジヌスの小教理問答］の中では、ツァハリアス・ウルジヌスはもう少し違う仕方で表現していた。彼は信頼（fiducia）という言葉（この点は次節で触れる）と並んで、ただ同意（assensus）という言葉を用いていた。ハイデルベルク信仰問答のこの箇所では、認識と、真実であると見なすということが重なって出てくるが、以前の版ではただ同意するであった。だからこの同意するという面がここでの本来の意味だった。信仰に属するのは、それに対する自分自身の同意、自分が然りと言うこと、自分自身の信仰の告白である。認識はその一つであるが、認識にはまた神の歩みに対する同意、それを感謝して受け入れることも含まれている。私は然りと言い、それを同意して受け入れる。

心からの信頼としての信仰

ハイデルベルク信仰問答が問21で言及する第三の局面は、心からの信頼（ラテン語で fiducia）である。そしてここにおいて全人格的な局面が最も強く入り込んでくる。信頼は人格関係の構成要素だからである。信頼とは自分を委ねることができるということである。では何に対して私は自分を委ねることができるのだろう。興味深いことは、問答書がまさにこの信頼に信仰それ自体を位置づけているということである。キリスト者は、信仰が単なる確信ではなく、神の贈り物であるということに信頼する。すなわち、それは、聖霊が私の中に呼び起こしてくださった信頼なのである。

信じる者は誰でも、すべてはただ自分が錯覚しているだけではないのか、それは思い込み、いやそれどころか、ひょっとして願い事ではないのかという問いの前に何度も立たせられる。外側から観察する限り、信仰は一つの確信と交換可能である。どんな理由から生じたものであれ、やはりそれは確信である。まさに信仰はただ個人的な確信としてだけ外から分かるものになる。そして、確かにそれはまた信仰でもある。しかしハイデルベルク信仰問答はこの点でもっと深く物事を見ており、信仰が神の贈り物であることを告白する。それは人間によって作り出されたものではない。信仰はそれ自体信じられねばならない。人は信仰を証明することはできない。

しかし今度は、ではいったいなぜすべての人間が信じないのかという問いが生じてくる。もっとはっきり言えば、それは神の気まぐれさを問う問いである。それなら神はただある者にだけ信仰を贈り、ほかの者には贈らないというのだろうか。この問いはキリスト教においていろいろに考えられてきた。純粋に論理的に考察するなら、神がある者たちに信仰を贈り与える場合、ほかの者には前もって控えざるをえないだろう。問答書がこの論理に従っていないことは賢明な判断である。問答書はそれ以上遡って問うことはしない。なぜなら論理的推論はすべて、結局ただの思弁にすぎないと言えるからである。

したがってハイデルベルク信仰問答はむしろ積極的にこう問う。いつ、どのようにして、信仰の贈与が起こるのだろうかと。そして答えはこうである。聖霊が福音を通して働きかける時であり、そのような仕方によってであると。信仰は福音を聴くことにおいて成立する。それ故、聴くことを信仰から切り離さないことが重要となる。さらに問答書の答えではこう続けられる。福音の中に私は何を聴くのだろう。それはひとえにただキリストの故に、ほかの人々だけでなく、私にも罪の赦し、永遠の義、そして祝福が神から贈り物として与えられているということである。私は、福音が私にも向けられていることを聴く。しかし問答書によれば、私が福音の中に聴き取ることは、それが私だけに与えられているということではない。福音が聴かれるのは常に教会共同体においてである。ただ単に神と私という孤立した二項関係が重要なのではなく、教会における福音が重要なのであり、その福音の宛先に私も加えられているのである。イエス・キリストは私のためにも十字架上で死んで甦ってくださった。罪の赦しがこの私に与えられている。だから私の死も人生における最後の言葉ではない。

ではこの「信頼」はどのような性質のものなのだろう。フリードリッヒ・ダニエル・シュライアーマッハーが言うように、それは「絶対的な依存性」ということなのだろうか。それは、何か突然の興奮状態の引き起こすものなのだろうか。あるいは脱自状態（エクスタシー）へと促すものなのだろうか。すべての人々に「神は私をも愛しておられる！」と叫ぶほど私を熱狂させるものなのだろうか。あるいは、信頼は静かに心の内に起こり、外からはそれほど目立っては認められないものなのだろうか。ここで固定した規準を定めることはよくないだろう。なぜなら、聖霊はそれぞれの人間に別様に働くからである。それ故私たちがそれぞれの仕方で人間であるように、信頼の仕方もそれぞれに異なったものである。

そして私たち人間は変わる存在なので、信頼もまた変化の歴史を持っている。カール・バルトはかつて的確にこう述べた。「信仰は――朝ごとに新しい！――一つの歴史である。だから信仰を『信心深さ』と取り違えることはできない」[4]。信仰は一度手に入れたら失われないような状態ではない。それどころか、厳密に言えば、人は信仰を「持つ」ことなどできない。もし信仰が自分の意のままにならない仕方で贈り物として与えられたものだとすれば、私たちは信仰を「所有している」ことにはならないからである。したがって「私は信じている」という言い方を私たちは常にただ次のような願いをもって口にすることができるだけである。すなわち「信じます、主よ、信仰のない私をお助けください」と。信仰は決して功績ではない。信仰は信頼である。

三つの局面――互いに関連しつつ！

オランダの神学者コルネリウス・ハイコ・ミスコッテは問21についての解釈の中で、ここで問答書は誤解されやすい表現をしていることに注意を喚起している。すなわち、認識と信頼がそれぞれ別個のものとして理解できるかのように見られかねない。そうなると認識は、聖書の中に読み取るべき事柄にただ理性をもって接近することになってしまう。キリストとその義に対する信頼はそれとは別個のものであり、二次的なものになってしまう。問答書がそうしていると誤解して信仰の知解を信仰と知解とに分割すると、この危惧は的中する。したがって、認識すること、真実だと見なすこと、心から信頼すること、この三つの局面すべてが常に相互に関連づけられ、互いに制約し合っているものとして理解すべきであり、そのことに注意が向けられねばならない。ミスコッテはそれ故正しくもこう表現している。認識することは「聖化された認識、一つの神認識であり、ほかの局面、すなわち信頼することもすでにその中に含まれている」(5)と。同じことが信頼することにも当てはまる。つまり、信頼することにも神認識が含まれている。それはただ闇雲に信頼することではなく、聖書に証しされているように、神の約束とキリストの義の転嫁によって生きる信頼なのである。

問答書はそのことを、「ただそれだけではなく……でもある」と表現している。それによって、信仰の持つ秘義と特性を決して損なうことなく、一局面だけに注目することを防ごうとしている。認識すること、同意すること、信頼することは、どれ一つ欠けることなく無条件に信仰に属しているからである。アクセントがこれら三つの局面の一つだけに置かれると、信仰理解は崩れてしまう。

この一面的強調は教会の歴史の中で繰り返されてきた。正統主義では(すでに詳述したが)内容を知る知識に一面的に強調点が置かれた。そしてこの影響のいくつかの名残は、改革派教会の中でも二〇世紀に至るまで残存した。そうなると信仰は聖書の知識と取り違えられてしまう。そして場合によってはハイデルベルク信仰問答の知識と取り違えられてしまう。それでは信仰はただ頭の中の事柄になってしまう。

アクセントがただ同意することだけに置かれ、私の「然り」だけが重要になると、今度は信仰が自分の功績になってしまう。その時、そのつどの自分の同意がすべての事柄に対して責任を持つことになり、すべてが同意に依存することになる。過去の時代の敬虔主義やまた今日の福音派のキリスト教にも時折そのような一面的強調が存在する。ただ「決断」だけを強調し、そのことで信仰を業にしてしまう。それは、信仰心が足りないと思う人間を窮地に追いやりかねない。

そしてまた信仰がただ信頼としてだけ理解されると、結局のところ相手である神はそれほど決定的なものではなくなる危険が生じる。確かにそれが啓蒙主義の危険でもある。その時には、中心的な事柄は「私」が信じるということであり、あくまで「私」が宗教的であるということが重要になる。何が確かさを与えるのかという問いに対する答えはただ、私の信仰が私に確かさを与え、私自身の信頼がそれを保証するということになる。神はせいぜい私の信仰の対象ではあるだろうが、その原因ではない。その時、信仰はほかのものとすぐ交換可能になる。私は神を信じているが、ほかの人はおそらく何らかの理念を信じており、別の人はまた多くの神々を信じているということになる。

三つの局面はすべて切り離しえない仕方で信仰に属しているのであり、そのことを忘れないようにしておくことが肝心なのである。

「通路」としての信仰

問59　もしあなたがそのすべてを信じるなら、あなたにとってどのような助けになりますか。

答　それによって私はキリストにおいて神の前で義とされ、永遠の命の相続人になります。

問60　どのようにしてあなたは神の前で義とされるのですか。
答　ただイエス・キリストを信じるまことの信仰によってのみ義とされます。
問61　なぜあなたは、ただ信仰によってのみ義とされると言うのですか。
答　私の信仰が功績に値する業であるが故に、私は神に喜ばれるのではありません。ひとえにキリストの償い、義と聖が、神の前における私の義なのです。私は信仰によってのほか、それを受け取ることも自分のものにすることもできません。

問答書は問2で私たちが見たように信仰を二つの部分に分けて定義した後、それに続く長い章句で使徒信条の講解を行う。導入の問22から問58までである。「我信ず（credo）」で始まるので「クレドー」とも呼ばれる使徒信条は、キリスト教信仰の基礎になる内容を主題化している。確かに、この信仰告白のすべての文章が同じ重要性を持つのかどうか、信仰告白の順序は的確に選ばれたものなのかどうか、議論することもできるだろう。歴史的に見れば使徒たちに遡るわけではないこの信仰告白がいったいどのような意味を持つのか。この意味をめぐってドイツで激しい論争が起こったのは一〇〇年以上も前のことである。しかし本書の文脈にとって決定的なことは、使徒信条が神の行動を主題化しているということである。それは、創造から世界の完成、死人の復活に至るまでの神の行動である。

そこで今問われることは、もし神の行動が描かれているのであれば、どの程度まで人間の信仰は重要なのかということである。しかし神について語られている場合でも、実は人間がそのことを主題化しているのである。神の行動についての語りは、常にすでに一つの関係の陳述だからである。すでに私たちは第1章で、神と人間との関係はハイデルベルク信仰問答において、解放の歴史として理解されていることを見た。そして、問答書にとって神の解放する行動について書き記す意味を問う問いは、信仰は私たちにとってどのような助けになるのかという、神が私たちに、そして私たちが神に近づく通路を問う問いである。もし神が人間を解放したことを人間が認識したのなら、そして人間がそれに対して然りを語り、いやそれどころか、この然りすら贈り物として与えられたことに信頼するのであれば、それは人間にとってどのような助けになるのだろうか。答えはこうである。「私は義とされ、永遠の命の相続人になります」と。ここではまだ義と永遠の正確な意味を詳述する場所ではない(6)。この章でスポットライトを当てているのはただ信仰に対してである。信仰は問59では、それをもって人間が義とされる手段として特徴づけられる。それどころか、問60では唯一の手段でさえある。

では信仰は、それが十分に機能するためにどのような状態でなければならないのだろうか。そのことがさらに問われなければならない。どのような資質が信仰に備わっていなければならないのだろうか。別様に問うなら、信仰が人を義とするためには、信仰はどれだけ堅く強いものでなければならないのだろうか。信仰の堅固さや強さを示唆しうる何らかの明確な特徴はあるのだろうか。問答書はこの点でまったく明解であり、そのような問いをきっぱりと退けている。厳密に表現するなら、人を義とするのは信仰ではない。そうではなく、信仰においてはキリストの義が認識され、告白され、キリストの義が信頼されるのである。信仰は自分自身のものではないし、独自の資質を持つものではない。

むしろ信仰は通路として理解されるべきである。その通路を通って人間にすべてのものが神から与えられるのである。

このことは、神学的に見てきわめて重要である。なぜなら、私たちの教会の中には、明らかに認められる違いが存在するからである。ほかの人より多くの知識を持っているという印象を与える人が存在する。たぶんそれぞれに異なった知的能力のせいか、より多くの人生経験に基づくものだろう。それどころか、回心の時期、つまり神が彼らと共におられる歴史に同意した時期を正確に言える人、あるいは信仰を告白することでほかの人を惹きつけて彼らに影響を与える人もいる。そしてまた信仰生活において親密な神との交わりをまわりに発散しているかに見える者たちもいる。その交わりは幾人かの人々を魅了するかもしれないし、場合によっては反感を買うかもしれない。人間が信仰に生きる仕方はさまざまである。しかし、その信仰のさまざまなあり方から、それが神の前における義ないし神の近さに相当する資質であるか否か結論を引き出すとしたら、間違った推測になるだろう。それは信仰を一つの功績に値する業にしてしまう。そしてまさにそこに、宗教改革的な見方からすれば、中世の教会の決定的な誤りが潜んでいたのである。そのような推測は正当化されるものではない。

問答書がこの点でそうした推論を差し控えていることは適切である。信仰は決して人間の功績ではない。とはいえ、信仰は大いに私たちに関係している。私たちの意志、私たちの心、そして私たちの理性とに関係している。信仰はあらゆる領域に関わっており、神関係は人間全体に関与している。

したがって、本章の最初で触れた二つの引用文に対しては、次のように言わなければならない。信仰は、アンブローズ・ビアスが表現したように、何かあることを真実であると見なすことではなく、神の信実に同意することである。神の信実はほかのものと取り換えられるものではなく、ほかに類例もなく、証明される必要もない。そしてカイテルトに対してはこう言われるべきである。疑いは事実、信仰のたえざる同伴者である。しかし、疑いつつもなお信じる人間は、自分自身への関係の中に留まっているのではなく、神が身を向けてくださることを認識し、そのことを真実であると見なし、それが自分の限界を越えて実現することを信頼することが許されているのである。

第4章

罪──人間は悪い存在なのだろうか

人間をめぐってローマ・カトリックとプロテスタントの考え方には違いがある。そう世間一般には思われている。この通念によると、プロテスタント教会は陰気な側面を強調するのに対して、カトリック信徒は、もろもろの罪は司祭に告解すれば赦してもらえる可能性があるので、陽気で、どこまでも屈託のない生活を送っていると見なされている。多くのプロテスタント教会で用いられる黒いガウンも、ローマ・カトリックの司祭たちの極彩色の祭服に比べて、こうした罪の強調の表現ではないだろうか。そして、とどのつまりはカーニヴァルもまた、もっぱらローマ・カトリックの色彩の濃い地域で盛大に祝われることになる……。

しかし罪に対するこの感じ方をただ軽視したり、プロテスタントの見方から取り去ることは、単純すぎるだろう。罪人としての人間についての語りは、プロテスタント教会にとって根本的なものだからである。マルティン・ルターは、宗教改革的な変革への途上で、自分は神にふさわしくあることは全面的に不可能だと理解した場合にだけ、人間は義に到達しうることを身をもって知った。人間は全面的に罪人である。そうルターは見たし、それは彼ばかりではなかった。人間はまったく、徹頭徹尾罪人なのである。そのように語り、教えたのはマルティン・ルター一人ではなく、ルター派出身であれ改革派出身であれ、宗教改革者たちすべての神学の根本的要素だった。この点ではハイデルベルク信仰問答も例外ではない。

では、罪を中心主題として語る場合、それは何を意味しているのだろう。人間は本質的に欠陥のあるものだと見なされているということなのだろうか。そしてその結果、人間の過ちと弱さが強調されるということになるのだろうか。かつての多くの教育学に対して、それは否定的な人間像から出発しているという見方が押しつけられることがある。そこでは人間は、怠け者でやる気のない、無軌道な者と見られ、いわば受け身になり従順に従うことによって、いずれにしても強制によって、正しい道へと連れ戻されねばならないとされていた。人間は「本性からして」正しい道の上にいる状態ではない。それに対して今日の現代教育学は、学習意欲があり好奇心旺盛な社会的人間をより強調する。人間は生まれながらに能動的で協働的なものとして理解されている。生徒を罰する教育学では「不信」から出発したのに対して、ここでは「信頼」というキーワードが当てはまる。このような脈絡において次の問いが立てられる。プロテスタントの教会と神学はその罪の強調をもって、傾向として受動性と従属性へと至る人間理解を強く押し進めてきたのではないかという問いである。いずれにしても罪の教えを強調するなら、結局そうならざるをえないのではないだろうか。

だから一八世紀に入って、この陰鬱な面に対するあからさまな批判が現れ始めたとしても不思議なことではない。啓蒙主義的な考えが社会全体に受け入れられるところでは、肯定的で楽観的な理解がますます強力に浸透し始めるからである。人類はますます強力により良い世界を目指して努力する。そして教育は、個々の人間と人類全体がますます人間的になり、より多くの幸福を体験することを手助けできるし、そうすべきだとされる。神学も、人間はますます良くなるだろうというこの楽観的な考えを取り入れ、それを神の似姿性の思想と結びつけた。それ故どんな人間も、基本となる倫理的原則を認識し、それを実際に生きることができるとされた。神学はそのように強調することで、より強力に倫理的なものへと重心を移していった。なぜならすべてが人間の陶冶・完成に貢献することができるはずだからである。罪は、特にこの改良へと向かう道の上にある妨げと見なされた。それは克服されうるものである。そのことで罪は神学の中で消し去られることはなかったものの、宗教改革と、またすでにアウグスティヌスによって主張されていた罪支配の全体性は、明らかに制限されてしまったのである。

この見解の持つ根本的な特徴は今日でもさまざまな仕方で感じ取ることができる。それはキリスト教信仰の外の世界でも見られるものである。というのは、キリスト者ではない人々の間に罪（Sünde）の概念が登場する場合、たいていは悪い食生活における個人的な弱さや、フレンスブルクの交通違反者記録ファイルに載せられるような、それほど大騒ぎする必要のない道路交通上の違反などである。これに対して好ましくない結果を伴う過激な違反行為が問題である場合には、むしろ罪科（Schuld）

という概念の方が採用される。

したがって、ハイデルベルク信仰問答が罪について語っていることは、人間とは何かをめぐる現代の理解に役立つのかという問いが生じてくる。あるいは多くの者がハイデルベルク信仰問答の言い回しを知っているので、こうも言えるだろうか。ハイデルベルク信仰問答の多くの表現はもはやふさわしくない。それは今述べた否定的な人間像を共有しているだけでなく、むしろそれをもっとかき立てているのではないかと。特に人間は「生まれながらに神と隣人とを憎む傾向にある」（問5）と言われるが、そうした、これ以上厳しい言い方はほとんどありえないような表現に対しては、躓きが起こるのではないだろうか。

ここでまず確認できることは、ハイデルベルク信仰問答が「罪」という言葉を頻繁に躊躇なく用いていることである。問答書は今日とは明らかに異なる一六世紀の生活感情を反映している。おそらく一六世紀は、その前後の時代には見られないほど、社会全体に浸透した罪の意識に刻印されていたからである。免罪符（贖宥状）販売も、際限なく行われた死者のためのミサも、多くの人々の心に深く根ざした願いを示している。彼らは善き業を行うことによって神に憐れみの心を起こさせ、罪に対する神の罰を押しとどめるか、少なくとも減少させることができると考え、それを願ったのである。マルティン・ルターも罪意識を持った一六世紀の子どもであり、自らに苦行を課すほどこの意識に苛《さいな》まれて生きていた。時代によって生活感情も異なるという点を無視しないことは重要である。ハイデルベルク信仰問答と宗教改革の時代全体は、自分たちが罪人であるという根本的な自己認識を前提にすることができたが、もはや今日ではそう簡単に前提することはできないからである。先述のような罪概念の軽い用法は論外として、全般的な罪意識が広く浸透しているとは言いがたい。

このことは、ハイデルベルク信仰問答書の取り扱い方に影を投げかける。そのまま問答書を引用するだけでは、問答書を対話の相手として真剣に受け止めることはできないのは目に見えている。問答書の罪理解をすぐ、それは一六世紀の一般的な罪意識だと見なすことが起こりうるし、問答書の罪についての語りはもう時代遅れで使い物にならないと自動的に見なされてしまうからである。

罪認識は信仰告白の一部である

ハイデルベルク信仰問答が、当時の社会の中に一般的に広まっている罪意識を前提することがありえたとしても、問答書は決してそのことを手がかりに話を始めていない。むしろ問答書は初めに置かれた問3ですぐ、人間はその悲惨さをどこから知るのかと問う。そして第2章ですでに取り上げたように、その答えは「神の律法からです」となっている。それが意味していることは、ハイデルベルク信仰問答の解釈によれば、罪の認識はただ聖書的使信に耳傾けることによってだけ得られうるものだということである。そのことによって排除されているのは――この点で問答書は有無を言わせない――自分の経験的観察に基づく人間の罪の認識である。人間が悲惨さの中に自分を見出すということは、外からその人間に伝えられなければならない。そうでなければ、人間はそのことを知らない。

問答書が示していることは、たとえ問答書がその考え方からして時代史的に位置づけられねばならないにしても、決して単にある特定の時代の罪意識を自分の人間的状況を理解する前提にしてはいないということである。別様に言えば、自分の罪性についての一般的な意識がない場合でも、問答書の立論は可能なのである。したがってそれは、それ自体においてすでに一六世紀を越えた彼方を指し示している。

そこで最初の問いはこうなる。問答書の時代よりずっと楽観主義的になっている人間像の時代にあっても、ハイデルベルク信仰問答の示す道はなお説得力を持っているのだろうか。いずれにしても方法論的な手順から明らかになることは、問答書が楽観主義的な人間理解をも悲観主義的な人間理解をもその理論づけの土台にはしていないということである。問答書は最初から、決定的な神学的言明を聖書から取り出そうとする、誰にでも分かる方法論的手順に忠実に留まっているのである。

問答書自身の理解を得ようとする者は、聖書に視線を向ける必要がある。より正確に言えば、問答書では単に聖書の著者たちの言明が情報として知らされているのではない。聖書が神の歩みの証言として読まれている。ただしそれは「信仰において」のみ起こることである。そこから帰結されることは、信じる者だけが自分の状況を罪人として認識するということである。罪の認識は信仰の認識の構成要素である。ハイデルベルク信仰問答の解釈において何度も気づかされてきたことであるが、問1は問答のすべてに先立っており、そこですでに、聖書から「切り離された」罪の認識はまったく不可能であることが明白にされていたのである。

　現代の人間論においても同様に、一般的な罪の意識を前提することはありえない。ではそのような現代の議論にとって、今述べてきたことは何を意味するのだろうか。いずれにしても一人の人間にとって「罪人である」ということは、それほど単純に納得させられるものではない。もちろん信じていない人間でも、自分には欠点があると気づいているし、そのことを認識できないわけではない。自分は過ちを犯すし、それは自分に責任がある。それが私たち人間である。それは差し当たり信仰の陳述として理解されるものではなく、ただ私たちの世界の現実の知覚にすぎない。私たちは完全どころではなく、他者を煩わせ、知ってか知らずか他者を傷つけている。環境に即して一体となって生きてはおらず、特に私たちの後から来る者たちを犠牲にして今を生きている。これらは皆容易に納得できることであり、この点でキリスト者でない者が非常に繊細な感覚を持つことも珍しくはない。しかし人間の欠点に気づくとしても、それ自体がただちに罪の認識なのではない。なぜなら、人間が罪人であることを認識するためには、神関係が必要だからである。ただ神の前に立った時に初めて、人間は自分が罪人であると悟ることができる。罪人であることは、神との関係のもたらす陳述である。

　具体的に指摘できる特定の過ちをあげつらうことで人間の罪深さを示そうとする試みがなされることも珍しくはなかった。ただしその際の問題は、時代が異なれば、それぞれ別の事柄が罪深いものとされたということである。しかしハイデルベルク信仰問答では神関係が出発点なので、内容を詳しく指摘できるある特定の過ちや、他者に対して起こりうる罪責を、罪と同一視することはありえない。

罪の悲惨さ

問3　あなたはどこからあなたの悲惨さを知るのですか。
答　神の律法からです。

問答書を厳密に読む者は、ハイデルベルク信仰問答がこれまで繰り返し罪について語ってきたのに、上述の問3で「あなたはどこからあなたの罪を知るのですか」ではなく、「あなたはどこからあなたの悲惨さを知るのですか」と問うていることを発見することになるだろう。この言葉の使い方は多くの点で、ハイデルベルク信仰問答の関心事を明らかにする。悲惨さとはただ単に惨めさや不幸として理解されるべきではない。それは中高ドイツ語に由来しており、その意味は「縁遠い、締め出された」ということである。アングロサクソン語では元来「他国に追放された」という意味である。「自国民の法的共同社会からの排斥は大変な不幸として受け止められる。その意味で『悲惨な』という言葉は今日でもきつめの表現である[1]」。それ故ハイデルベルク信仰問答の悲惨さの認識とは、自分は「他国に、つまり見知らぬ異郷に」いるのだという認識である。だからそこは自分の居場所ではない。問答書は常に神関係のことを考えている。だから人間とは神関係の中に居場所を持っている存在であり、人間の故郷は神への帰属性にあるということである。ところが、信じる人間は自分が故郷から遠く離れてしまっていることを知る。罪は神からの疎外である。ここでも明らかに、罪であることを有効に指摘できるまったく特定の行為が前面に立っているのではない。むしろ人間は異郷の中に生きている。人間はその損なわれた神関係の故に、家の中にいるのではない。それどころか、さらにこう表現することもできるだろう。人間は、自分が悲惨さの中にいるのを知る時、元来属しているところに自分はいないことを知る。もし人間が神のもとにいないのなら、人間はまた自分自身のもとにもいない。人間は神からも自分自身からも遠ざけられているのである。

ここで今主題化されているのは、自分の状況の認識という問題ではない。問3に対する答えにおいて明らかになることは、疎外の認識とこの疎外が現に存在していることとは単純に一致しないということである。人間は、たとえそれをまったく知らなくても、異郷の中に、それ故悲惨さの中にいる。いや、まさに自分自身から閉め出されているので、まったくそのことを知ることすらできない。いずれにしてもこれが、問答書によれば人間の現実である。しかし、もし人が神関係の中に立つ者として自分を理解するなら、その時にだけ疎外の現実を後から認識することができる。そうでないのに、無理やり人間にこの認識を押しつけることはできない。

プロテスタント教会の歴史には、神との関係が成立していないのに罪の認識を植えつけようとする試みが何度もなされた。たとえば、人間は信仰の決断をする前に、まず罪を認識すべきだと主張する伝道活動はそのようなものである。それはまた次のような理由からも問題である。すなわちそこでは罪が、現に存在している神関係からの疎外としてではなく、一般的に理解できる道徳規範をその人間が十分満たしていない状態として理解されているからである。

悲惨さの影響

ハイデルベルク信仰問答はマタイによる福音書の定式を受け入れて、律法は神への愛と隣人への愛の要求として要約することができるとしている。問答書は、その中に読み取ることのできる特定の罪を映し出した罪の鏡(Sündenspiegel)を作成することには関心がない。すでにこの律法の先鋭化された要約の中に、どのような責任形態、またどのような自由を見るべきかについては、後でまた触れることができるだろう。それよりむしろこの章での結論は、人間がまさにこの要求に応じていないということである。人間は神も隣人も愛してはいない。それどころか、ハイデルベルク信仰問答はさらに激越な仕方で表現する。「私は生まれながらに神と人とを憎む傾向にあります」と。まず何よりも注目すべきことは、問答書が次のように問うてはいないということである。すなわち、人間は少なくとも神への愛と隣人への愛をある程度は遂行しているのではないかと。問答書が問うているのは、誰か一人でもこの二重の戒めに完全に応じたことがあるのかということであり、それに対して、一人もいないと答えているのである。そこで、完全な人間ということが重要な問題になってくる。

問4　では神の律法は、何を私たちに要求していますか。
答　キリストは私たちに、次のような言葉でこう教えています。「心を尽くし、精神を尽くし、思いを尽くして、あなたの神である主を愛しなさい。これが最も重要な第一の掟である。第二もこれと同じように重要である。隣人を自分のように愛しなさい。律法全体と預言者は、この二つの掟に基づいている」［マタイ22・37－40］。
問5　あなたはそのすべてを完全に守れますか。
答　いいえ、なぜなら私は、生まれながらに神と隣人とを憎む傾向にあるからです。

そこで今度は、問4と問5が互いにどういう関係にあるのかを問わねばならない。原則的には二つの可能性がある。人間は愛の二重の戒めに違反したから悲惨さに陥り、異郷に追いやられている。それなら道徳的に違反していない行動を取ることで、人間と神からの疎外を再び修復することができるかもしれない。しかしハイデルベルク信仰問答によれば、それは本来の状況を見誤っている。問答書はもう一つの可能性を見ており、むしろこう問う。「なぜ私は神の戒めを守ることができないのだろう。なぜ人間は心の全体で神と隣人を愛することができないのだろう」。そして問答書の与える答えは、「なぜなら私は神から離れて生きているからである」ということである。

この認識の順序をよく理解し、真剣に受け止めることが重要である。これまで以上に人を愛そうと人間が生活を改善する試み、それ故、神を自分自身の力でこれまで以上に愛そうとする試みはどれも皆挫折せざるをえないからである。その理由は、私たちがいわば本来の居場所の外、つまり異郷に生きているからである。

神への愛と隣人への愛を完全に生きることは、ただ健全な神関係においてだけ可能である。したがって、人間がその戒めを完全には守っていないという事実は、ハイデルベルク信仰問答にとって、悲惨の中にある人生の一種の「リトマス試験紙」であり、標識なのである。しかし戒めを完全に守れないことが、悲惨の中にある人生の理由ではない。

神の似姿性と本性

なぜ人間は悲惨さの中を生きているのか。その理由は単に不十分な神への愛と隣人への愛にあるのではなく、ハイデルベルク信仰問答によれば、「生まれながらの本性」にある。ここでハイデルベルク信仰問答が主張しているのは、宗教改革時代に一般的だった人間の持つ神の似姿性［とその喪失］という考え方であり、「生まれながらの本性」という思想との結びつきである。考え方自体をたどれば、この本性思想はすでにアウグスティヌスにまで遡る。

アウグスティヌスがまず主張した解釈は、楽園における人間、すなわちアダムとエバは、完璧な神との関係に生きていたというものであった。ところが二人はこの完璧な神関係を、それ自体不要な高慢さの行為の故に無効にしてしまい、その結果、楽園を追われてしまった。決定的なことは、アウグスティヌスによれば、人間の本質（Wesen）、あるいはまさに本性（Natur）がその行為の故に変わってしまったということである。今や人間は、もう神に対応することができなくなってしまった。このできなくなったという無力さがアダムとエバからすべての彼らの子孫に、それ故すべての人間に伝わったのである。それどころかアウグスティヌスは、性交渉の中で起こる欲望の行為によって、それが肉体的に伝染することまで想定している。この観点から「原罪」という概念が導入されたのである。この最後に触れた極端に狭い見方は、宗教改革の時代全体を見ても、またハイデルベルク信仰問答の中でもあからさまに教えられてはいないにしても、アダムとエバから罪が伝わったという根本的な考え方は存在している。問7によれば、楽園においてすでに「私たちの」本性は毒されてしまったのである。

この考えは宗教改革の時代にあっては、人間の持つ神の似姿性［とその喪失］の教えと結びつけられる。なぜなら「完璧な」人間の本性は神の似姿性にあるからである。しかしこの似姿性を人間は失ってしまった。問6によれば、元来神は人間を神に対応して生きることができるような本質として創造された。しかし人間は今やそうすることができない。人間は罪人であり、それ故、もはや神の似姿ではなく、そのため悲惨さの中を生きているのである。

問6　では神は人間を、邪悪で倒錯したものとして造られたのですか。
答　そうではありません。神は人間を良いものとして、神と同じ姿に似せて造られました。すなわち、まことに義にして聖であるものとして造られました。それは人間が、彼の創造者である神を正しく認識し、心から愛し、神をほめたたえ讃美する、神と共なる永遠の祝福に生きるためです。
問7　ではこの人間の邪悪で倒錯したあり方はどこから来るのですか。
答　楽園における私たちの最初の両親であるアダムとエバの堕罪と不服従から来ています。そこで私たちの本性は、私たちすべての者が初めから罪人であるほどに、汚染されてしまったのです。

しかし、ここで問答書に対していくつかのことを問わなければならない。神の似姿性の喪失は、そのままの形では聖書の中に見出されないからである。この点でアウグスティヌスは、パウロのいくつかの表現から非常に影響力の大きな帰結を引き出した。問5と問7で言及される「生まれながらの本性」という言葉が強調していることにも、どちらかと言えば問題がある。なぜならアウグスティヌスは、悲惨さの中を生きることが初めから人間に与えられた定めであると仮定したからである。しかしいずれにしても私たちは、問7から次のような結論を引き出すことができるだろう。すなわち、神と一致して生きることが人間本来の本性であると。それはすなわち、まさしく、神を正しく認識し、神を心から愛し、神と共に生き、神をほめたたえ讃美するということである（問6）。しかしハイデルベルク信仰問答では強調点が結果に、つまり汚染された本性に置かれてしまっている。確かに積極的に見れば、罪性を証明し確証することのできる特定の行為を問答書が求めているのではないということは注意を引く点である。そうではあるにしても、罪ある人間は神と自分自身から遠ざけられているが故に転倒して生きているのであり、人間は本来それ自体転倒しているのではないということは、それほど明瞭にはなっていない。人間は神との交わりを生きている。神によってそのように造られ、意図されている。しかし問答書のその後の展開においては、私たちが単に悲惨さの中にいるように定められたのではないということが次第に明瞭になっていく。たとえどんなに小さな一歩であれ、神から離れて生きることから抜け出す一歩を私たちは踏み出すことができる。人間の故郷と本来立つべき場所は、神から遠い場所ではなく、神に近い場所である。［神の助けにより］たとえ人間がそのように生きていないか、あるいは不完全にしかそうなっていないにしても、人間は本来神に近くあるべきなのである。

善と悪

以上で、信仰問答書がその本来の意図において重点を置いているのが、道徳的に問題視されるべき人間の行動にではなく、神からの離反にあることが明瞭になったであろう。しかし問答書は概念上必ずしも一貫して明確であるわけではない。なぜなら「私たちは何らかの善に向かうことはまったくできず、すべての悪に向かう傾向にあるのですか」(問8)との問いに、明白な「そうです」をもって答える場合、この答えが道徳的な意味においても理解される可能性があるからである。つまり人間は根っから道徳的に「悪い」存在なので、自分からは善を行うことはできないというようにである。そうなると問答書は、人間の原則的な無能力から出発しているというように理解されうることになる。この点でまた神学的な反論が登場せざるをえない。これらの言葉が、本来人間は一人も善を行うことはできず、むしろどんな人間も常にただ他者を憎むほかないというように理解されねばならないとしたら、それは単純に事実とは合わない私たちの世界に対する見方になる。もちろん、人間が互いに痛みを与え、暴力を行使し、十分に助け合うことができないということはよくあることである。しかし世界はそれでもただ暗いだけではない。隣人愛や無私的な自己投入といった成功した事例を私たちは多くの場所で見出すし、おそらくそうした事例は時折教会の中よりも教会の外により多く見られるだろう。したがって問答書の言葉遣いは少なくともこの点で誤解を招くものである。だから以下の三つの点を正確に理解することが重要になる。

a　問5は意識的に一人称単数で書き表されている。「私は生まれながらに傾いています」と。それは、一般的な否定的人間像を前提とする傾向を抑制している。

b　これらの文章も人間の態度を記述した言明として読むことはできず、ただ神学的な分析と見なされるべきである。それが問答書の神学的な基本方針である。人間を道徳的に無能で悪しきものとして叙述することが本来重要なのではなく、神に対応しない人間を神から離れて生きているものとして認めることが重要なのである。なぜなら、人間――ここで問答書はまさに意図的に信仰告白の文体で論じている――つまりこの私、そして私たちは、神に完全に対応して生きてはいないということ、そのことは、私たちがまったく神から離れて生きていることに理由があるということだからである。

c　「憎む」ということはしたがって、ただ愛することの反意語として理解されるべきもので、私たちが持っている憎しみの感情とは同一視されえない。つまり、もし私たちが憎むことを切り離してそれだけで理解するなら、それは、私たちが（人間が「憎む」という）観察可能な態度に基づいて人間の道徳的状態を定義しようとすることを意味しうる。ここでも「憎む」ということは、愛することに最も対立する反意語であるという仕方で神学的に見ているものと考えることができる。だからこそそれは、本来的な生き方からの遠さの表現なのである。

問答書の表現は、目の前に示された態度に基づいて人間の罪性を確証できるという考えを助長してしまうので、誤解されやすい。しかしそんなことがここでの問題なのではない。

問答書の主張は、むしろこうである。人間は本来の自分であることに対応して生きてはいないので、地上には不信や憎しみが存在し、平和や信頼が支配していないということである。人間の疎外が彼の悲惨さであり、それが被造物全体の不幸となる。ではなぜ世界は完全ではないのか、なぜ人間どうしの間に争いが起こるのか、なぜ自分は――おそらくまさにほかでもないこの私は――繰り返し自分自身のまわりを回転し続ける［自分にとって］誰かある見知らぬ者なのか。それは、私もまた悲惨さの中を生きているからである。

人間に欠点があり、完全ではないということは罪と同一視されるべきではない。とはいえ、神の律法からその悲惨さを知る者にとっては、それも自分の状況に対するヒントにはなる。

罪と罰

問11　でも神は憐れみ深い方でもあるのではないでしょうか。

答　確かに神は憐れみ深い方ですが、正しい方でもあるのです。それ故、神の義は、神の栄誉と尊厳を損なう罪が、体と魂に対する最高度の、すなわち永遠の刑罰をもって罰せられることを要求します。

では、本章でずっと語ってきたこの悲惨さは、どのようにより正確に言い換えられるだろうか。一つの言い換えは「神から遠いこと」であった。神は人間の不服従を罰するとさらに問答書が書き進める場合、その言葉はもっとずっと激しく聞こえる。すなわち、体と魂に対する永遠の罰をもってと。このことで何が理解されるべきなのだろうか。答えはまったく単純である。この永遠の罰とは神から遠ざけられることである。そしてそれが悲惨さなのである。神の義とは何を意味しうるかという問いに対しては、もう少し後で言及することになるが、ここで明瞭なことは、神の栄誉と尊厳を損なう罪に対しては、神から遠ざけられること、神から疎遠になることが生じるということである。永遠という概念は、ここでは単に死後の存在に限定されうるものではなく、人間が取り去ることのできない神に対する距離を示している。

しかしまたこの問いの中で、人間の罪の本質はどこにあるかということが再び明らかになる。罪の本質は神を受け入れないことにある。つまり人間に神は必要ないと理解すること、それが罪である。

そして今、そのことに関連している事柄が現れてくる。人間の根本問題は、人間が神を必要ないと思っており、その悲惨さを何とかしのげると思っているところにある。人間は、いや私は、あたかも神が人間へと身を向けることなど必要ないかのように振る舞う。まるで神の私に対する関係などまるで存在しないかのようにである。神の栄誉と尊厳は実は、イエス・キリストの十字架が示す深みへと神が人間へと身を向け、その道を歩まれるということの中にある。それ故罪を認識することは、すでに神からの疎外と自分からの疎外を抜け出す決定的な第一歩である。なぜなら人間はそのことで神を正しいとするからである。神と自分自身とほかのすべての人間との正しい関係に戻るために、人間は神を必要としている。罪を知ることはそれを知ることを意味する。罪の認識はそれ故、信仰の認識なのである。

罪の全体性の強調は、必然的に否定的な人間像を意味するのだろうか

この問いに対する答えは、今や次のようなものにならざるをえない。すなわち、否、決してそうではないと。なぜなら、人間が自分自身を罪人として理解し、神と自分からの疎外から抜け出す道を自分自身の内に見出せないということは、――そしてそれが罪認識の全体性の意味なのだが――決して、人間は善を実現できないのだとする人間理解と同一視されてはならないからである。

この面はプロテスタント教会においてもよく曖昧にされてきた点である。その理由の一つは、ハイデルベルク信仰問答が一六世紀の言葉を語っており、それ故罪の概念もまったくそのまま用いているということにある。今日私たちはそれを別様に言い換えることができるが、問答書はそうしていない。そしてまた問答書の言葉遣いも、道徳化される傾向に至ったことに責任がある。

問答書は根本的な議論においては、否定的ないし悲観主義的な人間像を主張していない。それは断じて罪の全体性を経験的に立証したり、説得しようとはしていないからである。しかしまた他方で問答書の人間像は、たとえば一八世紀と一九世紀に見出されるような楽観主義的ないし理想主義的なも

のでもない。二〇世紀は、一見啓蒙された人間でも身の毛もよだつ行為を行いうる状態にあることが明らかになった時代である。まさにその暗い二〇世紀の諸経験に基づく限り、私たちは自分自身についてもあまり楽観主義的に考えないように気をつけるであろう。私たちは決して完全とは言えない世界に生きている。私たちが生きているのは、神から遠ざかった仕方で生きている世界である。そしてどんな人間といえども、世界が現にそうあるがままのあり方に関与しているのである。

以上のことは、キリスト教的使信の決定的な認識のすべてではない。しかしそれはその一部である。幸いなことに問答書のこの部分は最も短い部分でもあり、それによって問答書が、この世界の暗い面や私たちの陥っている深淵にだけもっぱら心奪われているわけではないことを示唆している。重要なことは結局、人間の罪についてはいつもただ神が介入された視点からだけ語られうるという認識である。もしかすると私たちの問答書は、そのことをまだ十分に行っていないのかもしれない。では私たちはそれを今日、もっと良い仕方で語ったらどうだろうか。

第5章

義——神の贖いの道

先の章で私たちは人間の罪について語った。しかもより正確に、罪とは人間の神からの疎外だと語った。このことは誰でもすぐ見て取れることではない。罪の認識も神の認識の一部だからである。罪を認識することはそれ故、神が私に対して結んでくださった関係から出てくるものである。だからこう語ることもできる。私が罪から解放されてイエス・キリストのものになることはすばらしいことであり、それこそが自由の表現であると。

そこで今やこう問われる（このように畳みかけて問い返すことがハイデルベルク信仰問答の特徴である）。人間が罪の囚われから解き放たれて自由へと至るという状態にどのようにしてなるのか、あるいはなったのかと。ハイデルベルク信仰問答は聖書的な考えを取り上げ、きわめて明確な解釈に立つことによって一つの答えを与える。その核心となる主張は、イエス・キリストの十字架における死が罪の赦しに関わっており、イエス・キリストの死は人間のために起こったのであり、神ご自身がキリストにおいて行動されたのだということである。イエス・キリストの十字架上の死を敗北として理解すべきではないというこの根本的な認識は、復活後初めて最初の弟子たちに与えられたものである。イエスの暴力的な死の後、どれほど弟子たちは混乱に陥ったことだろう。どれほど彼らが、この先もイエスの弟子として生きていくことを期待できなかったか。そうしたことは聖書の物語からすぐ読み取れる。中には逃げ隠れる者たちすらいた。しかし、少なからぬ人々が（そう新約聖書は報告しているのだが）、復活したイエスに出会った。時にはイエスをすぐに見分けられなかった。イエスが彼らにさまざまな仕方でご自分を認識させた後、初めて彼らはそれに気づいたのである。弟子たちには二つの事柄が明らかになった。一方で——決してすぐにというわけではなかったが——彼らはそれが同じ方であることに気づいた。つまり、十字架につけられた方が甦られたのである。しかし同時に、イエスは今や以前とは異なる方でもあった。彼の手には釘の傷跡があるとはいえ、見たところイエスは、もはや弟子たちと同じ条件に縛られてはいなかった。たとえば彼は壁を通り抜けられるのである。

復活者とのこの出会いは、十字架が挫折した行為として理解されないことの前提である。メシアであるイエスの道は終わってはいない。単純には相互に一致しえないこれらすべてのさまざまな証言に共通する主旨は、イエス・キリストの死が「私たちのために」起こったということである。それが新約聖書に頻繁に現れる表現となる。

しかし、ここでまた問いが頭をもたげ始める。それはすでに初期のキリスト教に突きつけられた問いである。ローマのカタコンベ［地下墓所］には、紀元二〇〇年頃石壁に刻まれた十字架をあざ笑う

絵が見出される。そこには十字架につけられた一頭のロバが描かれ、その前で一人の男が手を挙げている。ギリシア語の碑銘はこう翻訳される。「アレクサメノスは（彼の）神を拝む」と。すでにここに、十字架上での暴力的な死は神にふさわしいものとは思われず、神の尊厳に適していないという考えが明らかにされている。一人の人間の死がどのようにして神に適合するだろうか。神は一人の人間が死ぬことを欲しないでいることもできるのではないか。どのようにしてそれは神の限りない憐れみと一致するのだろうか。

教会の歴史においても、イエスの十字架の死を肯定的に解釈する際の躓きを何とか避けようと、繰り返し熟考が重ねられてきた。ここ数十年ほど非常によく好まれている考えは、イエスの死を次のように解釈する。すなわちイエスは、少なからぬ人間、とりわけ社会的な権力者たちに不快な態度を取ったために、権力のエリートたちによってこの世から追放されたのだという解釈である。イエスの死はそれ故（一部の者によるまったく意図的な）冤罪として理解されねばならないというのである。この点について、歴史的に見ればその可能性も十分あるだろうとは言える。聖書的テキストはいずれもイエスの無罪性を強調しているからである。だがそれでも問いは残る。歴史的な因果関係から見て、いったい誰がイエスの死に責任を負っていたのだろうか。この問いに完全に明瞭に答えることはむずかしい。死を言い渡すことができたのはただローマの占領軍だけである。ただしユダヤ当局も明らかに関与していたように思われる。そこでさらに問いが生じる。イエスの死のこの解釈は果たして十分なのだろうか。いずれにしても聖書テキストは、たとえイエスの死に対する人間の罪責が証明できるとしても、そこに神ご自身の関与を見ているのである。

すでに中世に神学者アベラルドゥス（アベラール）は次の命題を主張した。すなわち、イエスの死は神が人間と連帯してくださったことの表現であると。イエスは神として苦しみを避ける可能性を持っていたにもかかわらず、イエスは終わりまで、しかも死に至るまで苦しみに耐えたのである。彼の人間に対する愛は、今やほかのすべての人間にとって模範となる。たとえ苦しみがあっても、連帯は愛にあって決して弱まることはない。少なくとも聖書の証言によれば、イエスは意識的に死に向かい、死を決して回避しなかった。アベラルドゥスにおいても、そのことは正しく洞察されていると言わなければならない。しかし、新約聖書は明らかに複合的な仕方で十字架の出来事の意味について語っている。この点も同様に指摘しなければならないだろう。

ハイデルベルク信仰問答は聖書テキストに深く関わっているので、まさに聖書の中でなされているさまざまな発言を受け止め、それらを結び合わせている。カール・バルトはこう表現した。「ハイデルベルク信仰問答は、この点むしろ端的に……、アンセルムスの道とヘブル書の道に従っているのである」[1]と。ハイデルベルク信仰問答がカンタベリーのアンセルムスに関係しているということは、しばしば非難の対象となってきた。なぜなら、中世の神学者カンタベリーのアンセルムスは、十字架の出来事を法律によって説明しようとしたという疑義の下に立っているからである。それによればアンセルムスは、神は人間の罪によって侮辱されたので人間に償いを求めておられるという見解を主張したとされる。人間にはこのことを果たすことができないので、神は人間のためにご自分の身を投じ、罪人に与えられるはずの罰を御子において引き受け、いわば自分自身を罰したというのである。原則的に言えば、アンセルムスが何を語っているかはここではさほど重要ではないだろう。本書の主題はハイデルベルク信仰問答である。とはいえ、ハイデルベルク信仰問答がここでアンセルムスの考えを多く採り入れていることに注意が向けられてきたことは正しい。アンセルムスをより正確に読めば、法律的説明だという彼についての古典的な判定は、根拠薄弱な間違った判断である。多くの教理史読本がこの点でまだ訂正を行っていないとしても、そのことが指摘されるべきである。アンセルムスにとって、人間が罪を犯すことで神の気分を害するなどということはないし、神は人間に罰が与えられたのを見て再び満足するような他動的な操り人形ではない。アンセルムスにとっては、人間の救い、それ故罪の囚われからの人間の解放こそが重要なのである。そしてまさにそれがハイデルベルク信仰問答の意図でもある。

同じ基本的な考えはマルティン・ルターにも見出される。彼の神学において中心的なものは義認である。それは第一印象では法律的な概念である。そして実際新約聖書でも、人間と神との関係がまさにこの法（義）の言葉で表現されることは珍しくなかった。ハイデルベルク信仰問答も「義」、より正確に言えば、まず神の義について語っているのである。

憐れみと義、あるいは憐れみか義か？

人間は神から遠ざけられた状態において自分が罪人であることを知る。ハイデルベルク信仰問答はそう明瞭に強調している。ところで、十字架の複雑な解釈は本当に必要なのだろうか。これまでそのように問われたことはまれではなかった。十字架に代わって、神は人間の罪を「単純にそのまま」赦すことができるということから出発する方が、明らかにずっと簡単ではないだろうか。ハイデルベルク信仰問答もこう問う。神は憐れみ深い方であるので、罪を「単純にそのまま」赦すことがおできになるのではありませんか。どうしても罰が続かなければならないのでしょうかと。一見したところ、まったくもっともな質問に見える。もしこの問いが肯定的に答えられるなら、十字架の回り道はまったく必要なくなり、その時神は人間にこう語ることができるだろう。「愛する人間よ、お前は確かに罪を犯した。だが私はそれを真剣に受け止めようとは思わない。だから私はお前を赦す」と。それで万事は再び元通りになるだろう。しかし問答書は物事をそれほど単純には見ていない。しかもそれは深い理由に基づいてのことである。神は憐れみ深い方であるので、罪も赦すことができるのではないでしょうかという問11に対して、問答書はこう答える。確かに神は憐れみ深い方である。しかし神はまた義なる方でもあると。私たちが次に続く答えを考察する前に、ここで何がなされているのかよく考えなければならない。ここでは、互いに矛盾する、あるいは少なくとも神の二つの「顔」を際立たせるような神の中の二つの性質が表現されているのだろうか。もしそうなら、神は私たちのようになってしまうだろう。ある時は怒りっぽく、ある時は親切で、またある時はほかの人に対して憐れみ深く、別の時には自分の権利を強く主張するという具合である。そのように神の属性が理解されてきたこともまれではない。この考え方の問題は、神に関して私たちは人間のようには正確に知らないということにある。神のあれやこれやの具体的な行動がただちに神の愛の表現、あるいはむしろ神の怒りや神の義の表現なのだろうか。もし互いに緊張関係にある異なった神の属性が存在するのなら、いったいどれが一番大事な要素なのだろうか。もし憐れみと義は神の異なった属性であるということから出発するなら、そのように問わざるをえないだろう。しかし私は問答書をそのようには理解しない。むしろその問いと答えにおいて重要なことは、憐れみの質なのである。神の憐れみは単なる同情の感情的な行為以上のものである。ただの同情の行為は、おそらく状況が変われば別の結果になりうる。むしろ神においては憐れみと義が一致しているのである。だから私たちは神の憐れみを義として受け止める時に初めて神の憐れみを理解するのであり、また神の義を憐れみとして見る時に初めて神の義を理解するのである。おそらく私たちは概念的な（ギリシア哲学の正義論に影響を受けた）考え方に従って義を理解している。つまり、義において私たちが関わっているのは、常にいわゆる損害賠償を請求する義であると理解している。多くのドイツの裁判所の前にある法の女神ユスティティアは、不公正さを判定する秤《はかり》を手に持っている。裁判には、義を宣告し、秤が再び均衡になるようにする使命がある。罪に対しては償いがなされねばならない。そのために、神は罪を罰しなければならない。それによって秤が、それ故人間と神との関係が再び秩序あるものになるためである。

問11　でも神は憐れみ深い方でもあるのではないでしょうか。
答　確かに神は憐れみ深い方ですが、義なる方でもあるのです。それ故、神の義は、神の栄誉と尊厳を損なう罪が、体と魂に対する最高度の、すなわち永遠の刑罰をもって罰せられることを要求します。

しかし今度は当然のことながら次のような問いが生じる。この秤のイメージは本当に人間と神との関係に適用できるのだろうか。もし人間が罰せられるなら、神と人間の関係はよりよいものになるのだろうか。罰は何の解決にもならない。問11に対する答えの続きは、あたかもここで罰が義を再び確立することが意図されているかのように聞こえる。「神の義は、神に対して犯された罪が体と魂に対する永遠の刑罰をもって罰せられることを要求します」と。それは無慈悲であるように耳に響く。しかし問題はおそらく、あまりにも性急に私たちの概念表象を問答書の言葉遣いの中に持ち込んでしまう点にある。だからもう一度しばらく立ち止まる必要がある。

交わりの信実としての義

特に償いを視野に入れているギリシア的な正義の考えに対して、旧約聖書に見出される義の理解はそれとは別である。ここでは、それに合致しなければならない原則（Prinzip）が重要なのではなく、具体的に行動することが重要なのである。義を表すヘブライ語は「ツェダカー」である。それは実際に正義に生きることであり、それ故どちらかと言えば、憐れみ深くあることを意味している。聖書学者はこれを今日好んで「交わりの信実（Gemeinschaftstreue）」と訳しており、それによってツェダカー、すなわち聖書の意味での義が常に社会的な活動であることを明らかにしている。神が義であるとすれば、その場合神は、約束された人間との契約に忠実だということである。そしてイスラエルの歴史において神が選ばれた民のために救いをもって介入される場合、この神の行動は繰り返し正義として特徴づけられてきた。だからある人々が正しい人間として言い表されるなら、それは社会的な交わりにおいて助けとなってくれた人たちのことを指しているのである。

問18　では、まことの神にして同時にまことの正しい人間であるこの仲保者とは、いったい誰なのですか。

答　完全な贖いと義のために私たちに贈り物として与えられた私たちの主、イエス・キリストのことです。

もし背景にあるこの考え方を念頭に置いて先ほどの問11の答えの冒頭に戻ってみると、「神は、憐れみとはもう一つ別の顔を持っています。神はただ愛だけではありません」とはなっていない。むしろ神の義は、ただすべてをそのまま認めて受け入れる憐れみのイメージと単純に同一視はできないということである。ところで問答書は、場合によっては神を私たちと一緒に、つまり人間的な特徴に近づけて叙述することさえしている。神は「人間の罪深い存在の仕方とその罪深い行為に対して激しく怒っておられる」（問10）。ここでそれは何を意味しているのだろう。神の怒りと神にふさわしい義とは神的な感情なのだろうか。ここでなされている問答が明らかにしていることは、「否、そんなことが問題なのではない」ということである。むしろ問答書の意図は憐れみの性格をはっきり指摘することにある。神の憐れみとは、神が人間に対して忠実であるような憐れみであり、交わりの信実を貫かれる憐れみである。神が人間を決して単に罪人として放置しないという事実、神は罪人としての人間がよくないことを行ったことを単に見て見ぬふりをするのではないという事実こそ、ここでの中心的な事柄なのである。そのことは、後に続く簡潔な問答がこの前提の下で読まれねばならないことをも意味している。一連の段落を締めくくる問18で明らかになるのもそのことである。そこにあるように、イエス・キリストが「完全な贖いと義のために私たちに贈り物として与えられた」のである。この答えでは二つの点が重要である。第一に、贖いと義はここで一緒に並んで出てくる。つまり、神の義は贖いであるということである。神の義の本質は、それが贖いをもたらしたのだということの中にある。神は人間との交わりに忠実に留まられる。そして第二に、この義は贈り物として与えられたのであり、人間によって勝ち取られたものではない。問答書の主張によれば、神の義は交わりの信実であり、イエス・キリストの十字架における神の贖罪の行動は、この交わりの信実の遂行として理解されねばならない。この点が今やさらに探求されねばならない。しかし残念ながら認めざるをえないことなのだが、この問答書の論旨を追うのはそれほど簡単なことではない。私たち今日の人間が理解するのにしばしば持ち合わせてはいない非常に多くの事柄を前提にしているのである。

神からずっと遠ざけられている状態としての罰

義とは交わりの信実である。神は交わりに対して忠実であり続ける。しかしこの命題は、罪人は裁かれるという言い回しとどのように調和するだろうか。そして、そもそも神の罰の本質はどこにあるのだろうか。問答書の言い方はこの点で控え目であり、それは適切なことである。地獄について語られることはなく、人間を待ち構える何らかの苦悶について語られることもない。問題となっているのはそのことではないからである。むしろ罰とは、神からずっと遠ざけられている状態のことである。

キリスト者は、自分が神との交わりの中にあり、神の御手の中にあることを信じ告白する。もしハイデルベルク信仰問答の根本的な認識がそのことを讃美告白することにあるのだとしたら、罪人にとっての罰とはまさにその正反対、すなわち神との関係を持たないこと、その結果、神関係なしに生きてゆくことである。自分をキリスト者として理解していない人間にとって、このことは罰とは感じられないかもしれない。しかしキリスト者にとって、好ましくないと見なされるべきものの極限は、神が私たちから遠く離れていることである。なぜ神は人間の罪にもかかわらず単純にそのまま人間を憐れんで、神関係を（再び）結んではくれないのだろう。

問答書が見ていることは、関係を作り出す能力が人間の側にはないということである。より正確に言えば、問答書は人間を破壊されたものと見ている。罪人は罪を犯したことにより、神に関係することのできる能力を破壊してしまった。先述したカンタベリーのアンセルムスはこの関連でおそらく事柄を明瞭にしてくれる一つのイメージを用いている。彼は問う。なぜ神は人間を再びその栄光へと単純にそのまま受け入れてくれないのだろうか。アンセルムスは答える。人間は汚《よご》れた真珠になぞらえることができる。もし神が汚れた真珠を天国に戻そうとする場合、真珠と一緒に持ち込まれる泥がこの天国まで汚してしまうだろう。そうなれば天国はもうきれいではなくなる。ハイデルベルク信仰問答においても重要なことは、神は再び満足するために何かを必要としているというようなことではない。むしろ人間は再び関係を持ちうるものとされねばならない。人間はもうそのようなものではなくなっているのである。もし神の憐れみが、その罪深さにもかかわらず神が人間をそのまま受け入れることを意味するのであれば、罪人はまったく汚れを清められて正しい者になることはないだろう。それでは何も変わらないことになる。それ故神の救いの行動はその内容として、関係喪失から神関係へ、言い換えれば人間が神から遠ざけられている状態から神と関係を持つことへと自由にされることが必要なのである。人間は自分ではそうすることができないからである。

仲保者としてのイエス・キリスト

ハイデルベルク信仰問答の一連の命題〔問12－18〕は少なからぬ人々に奇妙な印象を与えてきた。ここではまるで神もそれを守らねばならない一つの方式が構築されているかのように理解されうるからである。その場合、同時に神であり同時に人間である方がまさにこの図式にぴったり当てはまることになる。それは、人間の救いの獲得にとって必要なものとして考えられている図式である。そうなるとイエスはただ、すでになじみの錠前に合う鍵でしかないだろう。イエスは一つの方式を構築するために後から考案された結果にすぎない。確かにそのように問答書を理解することもできる。そのため多くの人々はこの一連の章句を最大の弱点に数え上げる。しかしそう判断するのは性急である。ここで一貫して前提されていることは、贖いがキリストによって起こったという事実である。第1問の問いと答えは、すでに出来事として起こった十字架における罪の赦しについて語っている。そして今

〔問12－18で〕行われているのは、その出来事を後から熟考することである。いったい十字架上で何が起こったのだろうか。人間をその悲惨な状況から解放するため、そして人間を関係的な存在にするために、神はどのような道を選んだのか。問答書が問うているのはそのことである。問答書はいわば鍵をより厳密に凝視しており、その輪郭をはっきり知覚しようと努めている。そしてまさにこれこそがその錠前に合う鍵なのである。問答書はそのことを出来事を通してすでに知っている。なるほど人は問うことができる。十字架につく道の上で何が起こったのか。なぜ神は結局この道を選んだのかと。しかしそう問う者はこの問答書の中にまったく答えを見出せない。なぜ神は人間をよりにもよってそのような仕方で自由にされたのかという問いに対しては、何の答えも与えられない。問答書はそれ以上神のトランプ・カードの裏をのぞき込もうとはしない。むしろ問答書は問う。どのようにそれは起こったのか。何がそこで起こったのかと。

イエス・キリスト——まことの神にしてまことの人間

問16　なぜこの方はまことの、正しい人間でなければならないのですか。

答　罪は人間によって犯されています。だから神の義は、人間が罪に対して支払うことを求めています。自ら罪人である者はほかの人間のために代わって支払うことはできません。

何よりもまず問答書にとって重要なことは、イエス・キリストの特異点を指し示すことである。彼はまことの神にしてまことの人間である。問いの言葉遣いを注意して読む者は、上述のようにあたかもここでは「なければならない」という表現で、あらかじめ前提された固定的な方式が指し示されているかのような印象を得ることもありうる。しかしここで考察されていることはむしろ、問題の核心は人間にあるということである。人間こそが変えられるべきなのである。神の遠さから神の近さへと戻るべきなのは人間である。初代教会は新約聖書を読み、それに基づいてすでにこう教えていた。イエス・キリストは特別の神的性質を帯びた人間［養子説］でもないし、本当に肉つまり人間にまではならなかった神［仮現論］でもない。この方は「まことの神にしてまことの人間である」。そのようにカルケドン公会議（四五一年）の定式は表現している。確かに古代教会の中には、イエス・キリストの特性を理解するまったく別の試みも存在していた。ある人たちは、イエスは本当に人間になったわけではなく、ただ見かけ上、はかなく過ぎゆく肉体を取ったにすぎないと考えた。神が滅び行く世界にすっぽり入り込むことなどないと［先の仮現論］。ほかの人たちはこう述べた。イエスは神ではなく、ただ特別に霊を注がれた一人の人間にすぎないと［先の養子説］。しかしこうした別の解決の試みは、イエスについての新約聖書の証言を真剣に受け止めることはできなかったし、今もそれはできない。だからこそ古代教会は正しくこう語ったのである。すなわち、イエス・キリストはまことの神にして同時にまことの人間であると。それは、イエス・キリストがまったく完全に人間であることを含んでいる。ではこの言い方は何を明らかにしているのだろうか。ハイデルベルク信仰問答にとって明瞭なことは、ただ人間としてだけ、イエス・キリストはほかの人間の代理をすることができ、他者に成り代わって何かをなし、場合によっては苦しみを受けることができるということである。問答書が用いている「本性」という概念を過度に強調する必要はないだろう。明らかなことは、イエス・キリストにおいて人間は神からの隔てと、それ故神からの疎外を人間として克服することができるということである。問答書によれば、イエス・キリストがそのことを耐え忍ぶことによって克服が起こったのである。イエス・キリストは今もあらゆる人間の、神からの隔てを、それ故神からの疎外の全体を耐え忍んでくださっている。そのように問答書は理解している。「わが神、わが神、なぜ私をお見捨てになったのですか」という十字架上でのイエスの叫びにおいて、この神からの棄却が最も極まっている。それ故問答書にとってイエスの死は、まったく神から遠ざけられている状態の克服を意味する。

しかし問答書は、イエス・キリストは人間として見られるべきであるという発言にとどまってはいない。イエス・キリストの死においては神が神であることもまた重要であるという見極めがそれに続く。ここで再び問うこともできるだろう。この問いの表現定式は一つの方式を前提にしているのではないかと。しかしここで決定的なことは、この方が神であるという神のアイデンティティーである。ハイデルベルク信仰問答によれば、ただ神だけが神からの疎外を担い、耐え忍ぶことができる。怒りはまさに神からの隔てとして理解されねばならない。神は自ら人間の状況の中に入り込み、人間に命を贈り与える。ここで命とは単にそこに存在すること以上のことを意味している。それは「新しい命」であり、新しい神関係、神との交わりにおける生命を意味している。

神はその義を十分に行う

問17　なぜこの方は同時にまことの神でなければならないのですか。
答　ただこの方が同時にまことの神である場合にだけ、人間は神の怒りの重荷を担うことができ、私たちのために義と命を得て、それを再び与えることができるのです。

しかし、もう一度問いが立てられる。そのことはどこまでイエス・キリストの死の中に見て取ることができるだろうかと。なぜわざわざ十字架上でのイエスの死が、人間の救いに必要なのだろうか。この問いに対して問答書は明確な答えを拒んでいる。問答書はただ、神がその義を十分に行おうとしており、そしてそれを現に行う方だということを見ている。そして問答書はイエスの十字架への道を復活のパースペクティヴから理解し、こう告白する。十字架においてこそ神はその義を十分に行うのであると。ではどのようにして神は十字架においてその義を十分に行うのだろう。人間によって引き起こされた名誉毀損に対する償いとして、何らかの罰を与えることによってだろうか。否、まったくそうではない。人間が再び交わりを持つことができるようになることによって、神は義を得るのである。神が交わりの信実としての義を得るのは、彼の被造物である人間が契約相手であり続けるが故である。しかしそれは人間が自力でできることではない。神自らが助けを与えてそうさせるのである。新約聖書は、人間がキリスト者になるというこの行為を「新しい創造」と呼んでいる。神はご自身に自ら義を与えることによって、被造物に忠実であり続ける。ご自身に忠実ではないような人間をあえて創造するという冒険を犯すことにおいて、そして人間に将来を与えるという神の道において忠実であり続ける。人間は将来を持つ。なぜなら神が人間に将来を贈り与えるからである。そして人間はキリスト者として、この解放に即応して振る舞うことが要求されている。問答書は、あらゆる不完全さにもかかわらず、人間はこの感謝の道を歩むことができることをも確信している。しかしそれはまだこの章でのテーマではない［本書第13章参照］。ここでの焦点は、神が人間を義とし、交わりを持つことを可能にすることによって、神は義を得るのだということである。

問12　もし私たちが神の正しい裁きに従って、すでにこの世の罰のみならず永遠の罰をも受けるに値することになったのであれば、どのようにして私たちはこの罰を免れ、神の恵みをもう一度得ることができるのですか。

答　神はその義が十分に行われることを欲しています。それで私たちは私たちの負債を、自分自身によってかほかの者によって完全に支払わなければなりません。

ただしここである局面にも注意が払われねばならない。それは今日多くの人間にとって理解する努力を必要とする事柄、すなわち代理という問題である。問答書は、そして当然聖書も、すべての人間に代わってイエス・キリストが義の遂行を行ってくださったということ、キリストが私たちの立場に身を置いてくださったということから出発する。するとここに非難が浴びせられる。そんなことはありえない。人は誰でもただ自分に対して責任を持っており、代理の思想は、自分自身に責任のある人間というものを無視していると。この点で問答書は明らかに別の解釈に立っている。自分で自分を解放し、自分で自分を神との関係に戻すことなど人間にはまったく不可能である。人間はそれをすることができないので、神がこれを人間となって引き受けるのである。このことは人間の主体性を無視することになるのだろうか。そんなことはない。なぜなら代理は本来、生きている神関係において初めて見出されるものだからである。関係を持つことのできない人間が関係を持つことができるようにされ、そのようにして神は神の義に到達する。そして人間もまた同じように人間の義に到達する。人間は神の契約の相手であり続ける。

別の人間になる?

したがって問答書の基本的な解釈は、人間はイエスの十字架の死によって、そしてまた彼の復活によって、別の人間になったということである。人間はそれ故、単に神によって別様に見られるだけでなく、事実別の人間になったのである。私たちは贖われ、義とされたのである。そう問答書は見ており、すでに聖書もまた、キリスト者とは神の新しい被造物であると見ている。これは、キリスト者が自分では立証することのできない崇高な要求である。なぜなら、人間が新しい被造物であることは、態度からも生き方からもすぐに読み取れるものではないからである。しかし、二〇〇〇年前のキリストの出来事は世界の決定的な転換点であり、どんな人間にも効力を持ち、根本的な現実性を要求している。それは、すべてがそこに懸かっている拠り所である。キリスト者は十字架につけられ甦られた方を見ることで、自分たちが誰であるのかを最も明瞭に見る人間のことである。すなわち、私たちは彼と共に十字架につけられ彼と共に甦らされたのであり、それがキリスト教的希望の精髄なのである。マルティン・ルターはこの関連で「喜ばしい交換」について語った。私にはキリストの無罪性が、そしてキリストには私の罪が帰されるからである。イエス・キリストの十字架は、すでにパウロがそう表現しているように一つの愚かさである。かつて一人の神学者がうまく表現したように、神学は「この愚かさについての学問」[2]である。そしてマルティン・ルターはハイデルベルク討論の有名な第二〇命題でこう語った。「神の見える本質と神のうしろ［Posteriora Dei 出エジプト33・23］とが、受難と十字架によって理解されると認める」者だけが、正しくも神学者と呼ばれることが許されると[3]。誰が神であり、また神はどのような方なのかは、人間が世界から神へと推論することによって語りうるものではなく、むしろまさしく十字架において、それ故イエス・キリストの死の中に、神の憐れみと義に満ちた行動を認識することによって初めて語りうるものなのである。

新約聖書は、イエス・キリストの死の中で、そして死をもって私たちのために起こった事柄を表すために、相互に関わり合うさまざまな表現を用いている。祭儀的‐典礼的な背景で「償い」と「犠牲」を指示する表象と並んで、商人の生活圏に由来する「贖いの代金」という言い方が存在する。そして、第一印象では法学の分野に属しているように見える「正義」という言い方も中心的なものとして存在している。ハイデルベルク信仰問答はこれらの表象のいくつかを結び合わせている。該当する一連の章句だけ見ても、問答書のすべての表現定式が今日あらゆる人間に直接啓発的であるわけではない。今日に限らずこれまでも、それらを理解する上でかなりの回り道をしなければならなかったが、明らかなことは、それも問答書の表象世界に説得力を持たせるためだったのである。

いずれにしても問答書が強調していることは、イエスの死は直接神に関わりを持っているということである。神が死を通して何かを得るとか、あるいは死というものが、神の被った損害の賠償となるわけではない。とはいえ、神が人間を解放するために、ほかならないこのイエス・キリストの道を選ばれたということだけは確かである。問答書はまた、神の選ばれた道を理由づけようともしない。むしろ聖書もそうしているのとまったく同様に、ただ後からの省察を行っているだけである。そうしたところで十字架の躓きはなくならない。十字架は現代人にとって、また私たち自身にとっても、依然として理解のむずかしいものである。十字架を避けず、断固としてその意味を問い続けること、そしてここでの中心点をぼやけさせるような性急な答えで満足しないこと、それは一つの優れた美徳である。そしてそれはハイデルベルク信仰問答の長所でもある。

第6章
キリストと私たちキリスト者
——参与すること

十字架は、イエス・キリストの死が神の義なる憐れみの遂行であることを指し示している。その中にこそ神の憐れみを見て取るべきである。しかし、この点を強調することに苦労する意見も少なくない。大体の傾向として賛成することができるにしても、決して苦労なしではない。十字架と復活の意味に強調点を置くということは、あまりに一面的なアクセントを「イエス・キリストの業」に置いているのではないだろうか。それでは、神学で言及されることはすべてイエス・キリストの死と復活の作用として理解されるべき事柄だけになってしまう。ただちに指摘されることは、いわゆる共観福音書（マタイ、マルコ、ルカ）が地上におけるナザレのイエスの生涯について実に多くのことを語っているということである。彼の奇跡、弟子たちの獲得、癒やし、彼の時代の学者たちとの論争、のけ者にされた人々へと向かう行動、とりわけまた彼の語りなどである。特にそのうち山上の説教は、私たち人間の振る舞い方にアクセントを置いている。そして教会、特にプロテスタント教会が（概念上は比較的ルターに多く見られる）義認、あるいは（どちらかと言えば改革派の用語で）神と人間との間の和解に特別な強調を置く場合、本質的な聖書の別の面が抜け落ちているのではないだろうか。

一つの一面性――イエスはただの模範

実際長い間この点に関していくつかの一面的な見方が存在してきた。それは、最終的に人間には理解しがたい神の歴史と再び関わりがある。この神はイエス・キリストにおいてまったく人間となった方であり、この方についてカルケドン公会議は、聖書的証言を受け継いで「まことの神にして同時にまことの人間」と語ったのである。神学史の流れの中に現れた多くの範例を列挙し、根本から検討し直すことは、当然ながら本書の枠を越えている。しかし傾向として二つの線を確認することができる。一つの線は、ナザレのイエスの生涯を強調するものである。それ故この立場では、まったく特定の特徴と行動によって際立たせられる一人の人間が生きていたという事実が強調される。伝統的にこの人物を性格づけるものとして、愛敵の教えが特に強調される。重要なことは、イエスがほかの人間に無条件で身を向けたということであり、一般に受け入れられていた律法を、人間に無益である場合には相対化したということである。彼は社会的なアウトサイダーを意図的に捜し出し、そのようにして社会的な排除行為を克服した。この地上のナザレのイエスはその語りと存在において模範であり、彼に従うことでキリスト者は自らの信仰を実証すべきであり、またそうすることができるのである。この強調点の置き方は、まったく本質的な新約聖書の線を見据えている。

しかしこの線が新約聖書的使信のすべてを規定するモティーフになるなら、パウロやヨハネによって特徴づけられた神学のほかの本質的な認識が薄らいでしまう。ここで問われることは、いったい模範としてのイエスが、彼から得るもののすべてなのだろうかということである。もしそうであるなら、人間の罪、それ故前章で根本的に吟味した十字架の出来事の非常に積極的な解釈は、重要ではないと宣言されてしまうのではないだろうか。この問いは正当なものである。だから、イエスをただ模範としてだけ見る、あるいは特にすぐれた人間の模範として見るような神学は、一面的にすぎるのである。

もう一つの一面性——ただ十字架だけが強調される

しかし、これとは反対の側にも一面性が存在する。マルティン・ルターの同僚、フィリップ・メランヒトンは、イエス・キリストについてこう語った。もし人が彼の恵み深い行為を認識するなら、それで十分であると。(1) このことはメランヒトンにとっては明らかに、イエス・キリストにおける人間と神との関係［キリスト両性論］をめぐるあらゆる理論的問いは重要ではなく、結局それは思弁的だということを意味する。つまり決定的なことは人間の義認であり、それと結びついているイエス・キリストの十字架と復活の強調なのである。神学的に見ると、この軌道の上で、二〇世紀になって結局またルター派の神学者ブルトマンが論陣を張ったのである。彼は史的イエスへの問いの中に、信仰が事実の知識に還元される危険、それどころか、キリスト者の生にとって中心的な出来事である罪の赦しがまったく視界から失われる危険を見ている。さらにブルトマンの洞察によれば、地上のイエスに集中すると、イエス・キリストの絶対的な意義が説明できないままになる。(2) この一面的な強調のもたらす帰結は、受難の金曜日とイースター以前のイエス・キリストの生涯を度外視することが起こりうるということである。しかしそのような還元は、土台として聖書全体に関わっているプロテスタント神学に本当にふさわしいものなのかどうかが問われねばならない。そして答えは当然、「否、それは許されない」ということにならざるをえない。

それ故、地上のイエス・キリストの生涯に焦点を絞っている共観福音書の線と、パウロやヨハネが主張した線との両方をどのように取り入れることができるのか、よく考えなければならない。その際、今述べた両方の一面性の背後にきわめて正当な関心事があるのだとしたら、それはどのようなものなのかを見るべきである。一方で、復活前のイエスの生涯を特に視野に置く者は、当然のようにキリスト教信仰の倫理的有効性を問う。山上の説教を強調する者は、神と人間に対する愛がイエスに服従する者の本質的な特徴でなければならないことを力説する。それもまた確かに教会の本質的なしるしである。

ただし、次のことが見て取られねばならない。共観福音書もすでに一貫して復活の前提の下で書き記されたものであり、したがって、イエス・キリストの死を単に敗北として理解してはならないという主張に基づく十字架の神学を、その内容として持っているということである。

他方で、パウロの恵みについての発言を強調する者は、キリスト教信仰とは本質的に、前面に立つのは人間の行動ではなく神の恵みであるという主張に依拠していることを力説する。人間が不実だと分かり、神の愛に応答しない場合でも、にもかかわらず神は人間に愛を向け、ご自分と和解してくださる。そこに神の恵みは存している。もっとはっきり言えば、人間が不実であることが判明するところでこそ、まさに神の人間に対する信実は無条件なのであり、神は人間に将来を贈り物として与えるのである。ここでルターの古典的な表現定式を付け加えることもできるだろう。すなわち、それが恵ミノミ（sola gratia）、信仰ノミ（sola fide）ということなのである。そしてここでも次のように言わなければならない。神だけが私たちと世界に希望と将来を贈り与える方であるということを強調することは正しいし、事柄に適っていると。聖書が強調するのもまさにその点である。ただし、たとえばそのことで、人間の行動など重要ではないと言われているのかもしれないと考えることは、パウロの発言の誤認である。パウロにとって、自由にされた人間が自由人として生きることこそ本質的な関心事である。

両方の一面性の背後にあるのは、それぞれイエス・キリストは今日の私たちにとってどのような重要性を持っているのかという問いである。一方の一面性は言う。「イエス・キリストは私たちに、敵をも愛することを教え、手本を示した。それはいつの時代でも常に焦眉の問題なのだ」と。他方の一面性は言う。「イエス・キリストにおいて私たちの罪は赦されている。そしてそれは今日でもなお有効である」と。

ハイデルベルク信仰問答は宗教改革的なテキストとして、何よりもまず第二のアクセント、すなわち罪の赦しの強調に立っている。地上のイエス・キリストの生涯についてはほとんど語られないも同然である。今日このテキストを改めて書き直すとしたら、おそらく私たちはこのようなことを繰り返さないだろう。ハイデルベルク信仰問答における強調点は、――そのことはすでに前の章での議論で示したことだが――まったく一方的に神が身を向けてくださるという点に置かれている。神は義なる方であり、その義において神は罪人に憐れみ深い方である。たとえ人間がそのためになしうるものが何もなかったとしても、神は人間を罪から解放する。しかし問答書はこの強調にもかかわらず、今危うさを指摘した一面性に陥ってはいない。

キリスト者について語ることは、キリストについて語ることである

ハイデルベルク信仰問答問32はまず非常に単純に問いを投げかけ、それに対して正直なところ、かなり複雑な仕方で答えている。単純な問いはこうである。「なぜあなたはキリスト者と呼ばれるのですか」。この問いは結局、二つの一面性の背後に潜んでいる問いである。あなたは、律法を遵守し、

キリストに従っているからキリスト者と呼ばれるのですか。それとも、あなたは義とされたのでキリスト者と呼ばれるのですかと。しかし問答書はそのような仕方では答えない。むしろ問答書は、ふり返ってまずこう答える。「私は信仰によってキリストの肢体となり、彼の油注ぎに与っているからです」と。そのことはすなわち、キリスト者であるということは、何か綱領的な命題をもって特徴づけられるものではなく、キリストからして定義されるものだということを意味する。キリスト者の存在はただキリストからして定義可能である。したがってキリスト者としての私が誰であるかを知るためには、キリストを見ることが必要なのである。そこでは、単に神とは誰であり、どのような方かを知るだけでなく、私が誰かをも知るのである。いずれにしてもそのように問答書の主張は記されている。それは［神認識と自己認識に関わる］内容の濃い主張である。

人間はイエス・キリストにおいて、自分が本当は誰であるのかを知ることができるということ、そのことはただ、前の章ですでに言及した根本命題である代理ということを考え合わせる場合にだけ可能である。イエス・キリストは私たちの罪のために十字架の死において神からの疎外を引き受けてくださったということ、それは多くの者にとって追体験することのむずかしい、けれども原理的に信じ告白される考えである。ところで、問答書に見出されるのはこの考えだけではない。同様に明らかにされることは、イエス・キリストについて言われうる事柄のすべてが「何らかの仕方で」私たちにも当てはまるということである。問答書はこのことを「油注ぎへの参与」という概念で言い表している。

神の受膏者《じゅこう》（油注がれた者）としてのイエス・キリスト

イエス・キリストは油注がれた者として見られねばならないという言い回しは、私たちの耳にはどちらかと言えば一風変わった表現に聞こえる。しかし、それはただ私たちがその概念を正確に理解しない時に起こるにすぎない。新約聖書はイエスをキリストと呼んでいるからである。キリストとは一種の苗字（家族の姓）として見られるべきではない。そうではなく、イエスはキリストなのである。キリストとはヘブライ語「マシアッハ」のギリシア語訳で、私たちはふつうメシアと呼ぶ。そしてメシアとはドイツ語に直訳すれば、単純に「油注がれた者」を意味する。そこでハイデルベルク信仰問答にとって「油注ぎに与る」とは、まさにキリストに与ることになる。なぜ問答書は単純にそう言わないのだろうか。

主な理由はおそらく、「油注ぎ」という概念が旧約聖書の指示する特別な機能を表しているからだろう。旧約では預言者と王が油注がれてその役職に任命されたことは周知のことだろう。サウルはイスラエルの王へと油注がれ、アロンは祭司へと油注がれた。そして（第三）イザヤは自らこう言っている。私は神によって預言者へと油注がれたのだと［イザヤ61・1］。油注ぎはそこでは、単に膏油を注ぎかけることではなく、それ以上にこの儀式と結びついたまったく特定の使命への任命のことである。そして次第に「メシア」という概念は、元来結びついていた行為から切り離され、称号それ自体で理解されるようになる。イスラエルは（今日に至るまで）メシアを待ち望んできた。新約聖書はイエスをまさにこの約束されたメシアと見なし、さらにメシアの標識はキリスト教において固有の名前、すなわちイエス・キリストになる。

ジャン・カルヴァンは、イエス・キリストを祭司にして王であると語ってきた彼以前の考え方に立ってさらに構想し、キリスト論をイエス・キリストの三重の職務の教理として展開した。カルヴァンがキリスト論をイエス・キリストの預言者職を中心に拡大した結果、私たちは今日イエス・キリストの三重の職務について語るようになったのである。特にカルヴァンはこの教理をキリスト論の中心に据えた。中心に位置づける仕方は異なっているが、プロテスタントとカトリック神学の大部分はこの点でカルヴァンに従った。ところでこの教理は、旧約において多様であった油注ぎの理解をあまりに性急に調和させてしまう危険に陥らないだろうか。そう問うことは正当なことである。[3] とりわけ、旧約聖書の中で言及されている職務の内容がそのままイエス・キリストに移される場合、注意が必要だろう。油注ぎを中心にしてイエス・キリストを考えることは、一方で旧約聖書との結びつきを示すことになる。それは、イエス・キリストの人格と業が旧約聖書なしには考えられないことを明確にする。しかし他方で、預言者・祭司・王の旧約聖書的な職務の内容がそのままイエスに移し替えられるわけではなく、明らかにそれぞれ新しいアクセントが与えられている。確かにこの教理が新約聖書自体においてはそのままの形で主張されているわけではないことを正しく見て取る必要がある。したがってこの教理は、ただ旧約聖書と新約聖書が述べている事柄の解釈として見るべきである。イエス・キリストの三重の職務を強調することの長所は、それがイエス・キリストの人格と業を一緒に結びつける点にある。すなわち、復活前のイエス・キリストの生涯を構成していたものも、また救いの出来事に集中する認識も、三重の職務の強調によって結び合わされる。それ故、神がイエス・キリストにおいて私たちのために、私たちに向けて行ってくださったことが重要であるのと同様に、それが今日の人間としての私たちの具体的な人生にとって何を意味するのかという問いも重要なのである。さまざまな機能があるからこそ、そのことも保証される。ただ一つの表現や職務が強調されたとしても、ほかのすべての表現や職務を排除するわけではない。というのは、ハイデルベルク信仰問答が中心的に神の義について、それ故また私たちの義認について語る場合でも、それだけが中心になっているわけではなく、中心点はむしろ、私たちをも義とするキリストだからである。

私たちのための預言者・祭司・王としてのキリスト

問31　なぜ彼は「油注がれた方」という意味でキリストと呼ばれるのですか。

答　彼は次の三つの職務へと父なる神によって任命され、聖霊によって油注がれました。すなわち、彼は私たちの最高の預言者にして教師になりました。この方が、私たちの贖いについての神の隠れた決議と意志を完全に啓示してくださいます。また彼は私たちの唯一の大祭司になりました。この方が、彼の体をただ一回限り捧げることによって私たちを贖い、その執り成しの祈りをもって常に父なる神の前で私たちを代理してくださいます。そして彼は私たちの永遠の王になりました。この方が、御言葉と霊をもって私たちを統治し、獲得された贖いにとどまるように守り、保持してくださいます。

問31とその答えはイエス・キリストの三重の職務についての教理の古典的な形である。イエス・キリストが預言者・大祭司・王へと油注がれたということは、ハイデルベルク信仰問答の理解によれば、この三つの任務を手がかりに、キリスト論の本質的な次元を記述することができるということである。問答書の配列とは異なるが、私はまず間にはさまれた大祭司に注目したい。それは、最も端的に神の義を問う問いとの関連にあり、また宗教改革時代の「最も伝統的な」答えを含んでいるからである。いやそれどころか、こう言うことすらできる。宗教改革はイエス・キリストのこの務めを非常に強調したため、ほかのすべてが全体としてかすんでしまうほどだったと。それに加えてイエス・キリストの大祭司の務めは、最も明瞭に聖書的な典拠を持っている。ヘブライ書はそれを詳細に主題化している。イエス・キリストはご自身を人間の罪のための犠牲として捧げ（ヘブライ5・1）、それによって人間は罪から贖われたのである。祭司は罪の赦しのために立っている。問答書によれば、イエス・キリストは私たちを贖い出し、彼の歴史の中に私たちを引き入れている。人間にとってその意味は明白である。すなわち、人間はもはや罪の下に生きているのではなく、恵みの中を生きている。前の章で言及した問11から問18はこの点で同じ思想の流れを追っている。

問答書は、問31の答えの中では一番目として、イエス・キリストは最高の預言者にして教師へと油注がれて任命された方であることを強調している。この務めにおいて、イエス・キリストの三重の職務の教理が視野を拡大していることが明らかになる。人間の救済だけに視線を向けていないからである。ここでは教師にして預言者としてのイエスが問題の焦点なのであり、そのことはすなわち、彼は神の意志を啓示する方だということである。そう見ることによって、イエスが福音書の中では律法の教師として理解されているという点も受け入れられている。彼はトーラー、すなわち神の指令を解釈する方である。特に山上の説教はそうであるが、それ以外の多くの箇所も弟子たちを教える方としてイエスを描いている。預言者の務めはそれ故、神の意志がイエス・キリストにおいて私たちに認識可能になることを言い表している。それは旧約の預言者たちの任務でもある。もちろんハイデルベルク信仰問答は、宗教改革全体がそうであったように贖いの局面に集中していると言わなければならない。そのために贖いの啓示が前面に出ているのである。しかし問答書をさらに読んでいくと分かることは、この贖いへの集中がほかの局面を排除することにはならないということである。私たちに関して言えば、このことは次のことを意味する。すなわちキリストが来てくださったおかげで、贖いはほかならない私たちに効力を持っているのだということを知ることができる。そうでなければ、私たちはそのことをまったく知らなかっただろう。この点で問答書は一貫している。問答書は、究極的にキリストを神認識の唯一の源泉と見なしているからである。解放の使信は私たちに向けられている。その事実が私たちに語られていることに、私たちは依存している。私たち自身からそれを知るすべはない。

第三の職務は王の務めである。キリストが統治している。ほかの誰でもない。私たちが贖いを負っているお方が、世界の統治者でもある。ハイデルベルク信仰問答によれば、この恵み深い支配を超えた隠れた統治など考えられない。世界を統治しているのは別の誰かではない。神は、啓示されない暗い面と啓示された明るい面とに分けられる方ではない。ここでも再び、問答書の集中が神の贖う行動にあることが見て取れる。それは永久に効力を持ち続けている。そして私たちは彼の中に保持され続けるであろう。

イエス・キリストは私たちのために預言者・祭司・王となってくださった。それは私たちにとってすばらしいことである。なぜなら、私たちの贖いが何に拠っているかを私たちはこの神の行動から知るからである。私たちは贖い出された。そして神は私たちがこの贖いから逸脱することを許さない。行動するのは神である。私たちはどこまでもこの良き知らせの受領者である。確かに私たちも受け取り手である限り、一緒にこの運動に引き入れられている。私たちもまたそれを手にするだろう。しかしここでは、人間の役割はあくまで受動的にとどまっているように見える。その論じ方は意図的になされている。問答書にとって、人間は自分で自分を贖うことはできないということを強調することにすべてが懸かっているからである。人間は神の厚意ある憐れみにまったく依存しており、自分自身から贖いに貢献しうるものは何もない。神の恵みはただ、無償で提供されたことが分かった時に正しく理解されるとアウグスティヌスは強調した。恵ミハ無償デ提供サレル（Gratia gratis data）から恵みなのである。

キリストの油注ぎに与る

問32　ではなぜあなたはキリスト者と呼ばれるのですか。

答　信仰を通して私はキリストの肢体であり、それによって彼の油注ぎに与っているからです。それで私も彼の名を告白し、生きた感謝の献げ物として彼に私を捧げ、自由な良心をもってこの世の生涯において罪と悪魔と戦い、その後永遠に彼と共に全被造物を支配するためです。

人間は指一本ですら救いに協力することはありえず、救いはあくまで人間に外から付与される。問答書はしかし、この根本的で永続的に効力のある発言にとどまってはいない。人間に外から付与されるこの恵みは人間を受動的にするのではなく、能動的な役割の中に立たせるからである。受動性ではなく能動性がハイデルベルク信仰問答の人間像を特徴づけている。そのため、油注がれた方としてのキリストについて語り、キリストの三職を強調する問31に続けてすぐ、人間はどこまで恵みの受領者として理解されるべきなのかと問うのである。その答えで明らかになることは、イエス・キリストの三重の職務に対して、三つの人間の行動が対応しているということである。

第一に、問答書はイエス・キリストの名を告白することを挙げる。そのことで理解されるべきことは、教会への帰属を告白する形式的な行為ではなく、神の憐れみに対して人間が然りを語ることが重要視されているということである。この人間の然りはすでに信仰理解についての章で取り上げた［第3章参照］。問答書にとって応答するという契機はキリスト教信仰の本質的な構成要素である。その際、信仰を告白することは二重の相手を持っている。神と人間仲間である（そしてさらに言えば、そこには自分自身も含まれていると言ってもよいだろう）。ヘブライ語でほめ称えることと信仰を告白することとは同じ動詞である。神をほめ称える者は、神の憐れみ（神が身を向けてくださること）に対して、ほめ称えることで応答している。神をほめ称えることは、讃美歌を歌うことによってであれ、ほかの形においてであれ、キリスト者であることの構成要素である。なるほど私たちのプロテスタント教会では、時折この告白的な讃美をまったく心の内面に隠してしまうことが起こる。またほかの教派［福音派］から生まれた礼拝讃美の新しい形態も、私たちの教会員の多くの者には不慣れなものである。しかし、讃美することを習慣として身につけることは［どんな教派であろうと］禁じられてはいない。神讃美とキリスト告白とは互いに属し合っている。それは根本的なもので、生涯にわたって続くものである。

私たちは、国民教会という形を取った教会の中で多様な仕方で生きている。そこでは堅信礼がキリスト者の信仰告白教育の終結であり頂点であるかのように見られている。堅信礼は宗教改革の時代に、元来洗礼に属している信仰告白を後になってから付け加えるために、事実上マルティン・ブツァーによって導入されたものである。正直に言えば、私たちはそれぞれの教会で、儀礼的になっている堅信礼の性格からして、内面的には同意していない堅信礼志願者に外面的な信仰告白を強要することができるのかどうかという問題を抱えている。事態はそこまで進んでしまっている。私たちは内面的同意のない堅信礼を行うことで、原則として信仰告白なしにもキリスト者でいられるという理解を強行しているのである。いずれにしてもハイデルベルク信仰問答の見方からすると、この局面は軽視されうるものではなく、決して無視することのできないものである。キリスト教信仰はただ受領するということに尽きるものではない。とはいえ、信仰の告白をどのように表現するかということは、自分がどのような言葉を発するかという創造性の問題であり、また実際告白するようになるのはどのようなきっかけによってかという問題でもある。信仰告白は伝統的な言葉によっても、また新たに表現することのできる言葉によっても行うことができる。いずれにしても問答書は、この告白する行為に奉仕する手助けとして、自分を理解している。

問答書がここで挙げる第二の局面は、感謝の献げ物としての人間的な献身である。それはイエス・キリストの祭司的な務めに対応している。献げ物における感謝の概念は重要である。それは、犠牲を、神の気分を変える、ないし機嫌を和らげる試みとして理解しないためである。正確に読むと問答書は、キリスト者は何らかのいけにえを捧げるべきだとは言っていない。むしろキリスト者は生活それ自体を感謝の献げ物として理解すべきなのである。卑屈な態度は多くの人々のまっすぐで毅然とした生き方を妨げるものだが、これまでのキリスト教においては、この卑屈な態度が犠牲の精神と結びつくこともまれではなかった。ここではそんなことが問題になっているのではありえないし、まったく問題にされるべきではない。むしろそれによって、ある種の明確な人生の見方を包括する思考法が取り上げられている。問答書の第1問では答えがこうなっていた。すなわち、私の人生の慰めは、私が私自身のものではなく、イエス・キリストのものだということにありますと。このことを問答書は解放として理解している。生活を捧げるということは、この解放への告白に対応している。そのことで明らかになることは、神関係は単に人間のきわめて特殊な領域に縮小されるべきではなく、人間全体を包括しているということである。キリスト者は、ご自身を私たちのために捧げてくださったキリストに与っている。そしてキリスト者は自分を神と他者のために捧げることによって、このキリストへの参与を実際に生きる。献身とか感謝の献げ物という概念は、場合によっては自己疎外的な行動のように聞こえるかもしれない。しかしそんなことが意図されているのではまったくない。問題となっているのは自発性だからである。信仰には強制の占める場所はない。問答書がここで語っているのは「自由な良心」についてであり、そのことで個々の責任を強調している。だから問われているのは、どうしたら具体的にこの人生を感謝の献げ物として見ることができるのか、言い換えれば、個々人がどう自分の人生を形成すべきかということである。問答書はこの点に関しても特にその第三部で、さらに詳しく補完しようとしている。そこでは十戒と主の祈りが解釈され、その概略が示されている。

第三の局面としてイエス・キリストの王的な務めが解釈される。ここで問答書は二つの段階を区別する。一つは永遠の支配という段階と今ある現実という段階である。問答書が描き出すイメージは、永遠を望みつつ神と共に今ここで統治することである。あまり強く主張することはないにしてもこの関連で明らかになることは、問答書が、何もしないこととは無関係な永遠のイメージを持っている点である。この永遠のイメージは、人間の完全性を常に一つの課題と結びつけて見ている。問答書はこの点で、創世記1章に由来する、神の似姿性の約束と結びついた、被造物を管理するための委託を真剣に受け止めているのである。

私たちの生きている時代には永遠の静謐な支配は起こらない。人生を脅かすこの世の諸力を問答書は十分承知している。問答書が罪や悪魔と呼ぶこうした諸力に対して、生涯にわたる戦いが告知される。戦いのイメージを用いるのは、私たちの世界の特徴を真剣に受け止めているからである。そして問答書は、この世にあって神に敵対する諸力との抗戦を不要にするような平和な状態がたやすく訪れるだろうとは考えていない。イエス・キリストが世界の主と呼ばれるが故に、「主なき諸力」（カール・バルト）に対するキリスト者の戦いも繰り返し必要なのである。戦いはどのような領域で最も必要とされており、かつ有意義であるのだろうか。この点に関しても、私たちは改めて繰り返し考えなければならない。それは、人間それ自身における領域でもあるし、社会的な相互関係における領域でもあるし、あるいはまた地球大の関連性をもった領域でもありうる。キリスト者はこの生命に敵対する諸力との抗戦へと呼び出されているのである。

私たちはキリスト者であるが、しかしキリストではない

キリスト者は信仰を告白し〔預言者の務め〕、自分自身を感謝の献げ物として捧げ〔祭司の務め〕、罪と悪魔と戦う〔王の務め〕。そのようにキリスト者は記述されている。しかしこれは、キリスト者の経験的な記述として有効なものではない。これら三つの営みは、ほかの人の場合も自分の場合にも、外から単純に読み取れるものではないからである。おそらくその行動を通して感銘を与え、たぶんプロテスタント的な「聖徒」にふさわしいとすら言えるような若干のキリスト者は存在するだろう。しかしよく見れば、この人たちにおいてさえ破れや不完全さは目につくのである。マルティン・ルターは、人間は罪人にして同時に義人であると語り、それによって次のことを明らかにした。すなわち信仰においてすでにそうなっている者、つまり贖われた者であることと、見かけ上現にそうである者、つまり贖われてはいない者、繰り返し多くの事柄に縛られている者であることとは、区別されるべきなのである。この区別は原則的には正しい。私たちがキリスト者であることを、私たちは自分自身において読み取ることはできない。それはただキリストからしてだけ読み取ることのできる事柄である。しかし、私たちが信仰においてすでにそうであることと、この世に生きていることとの間には、ただ

の違いだけでなく、たとえ不完全で脆いものであったにしても、関連もまた存在している。そのことがハイデルベルク信仰問答にとっては重要なのである。それによって問答書は、生活の聖化について語るジャン・カルヴァンの強調した点を継承する。もちろんカルヴァンも人間の不完全さを重々承知であり、的確に次のように表現している。すなわち、「大部分の者は自らの多くの弱さに苦しめられ、よろめいて足をひきずり、さらには地を這いずって少ししか前進できない有様である」(4)。だから問答書がここでキリスト者のあり方について語っていることを、道徳的なアッピール（訴えかけ）として理解すべきではない。そんなことは誰にも要求されていない。それは私たちの新しい現実、自由にされた人間としての私たちに対する展望である。私たちは与えられた人生においてそれにふさわしくあるように努めるだけである。

キリスト者はキリストの油注ぎに与っている。この根本的な考えをもって問答書は、イエス・キリストの歴史とキリスト者の運命を結びつける。その際キリストとキリストに属する者たちとの基本的な違いは根本的なものであり続けており、決してキリストの存在が模範のキリスト論に還元されるわけではない。イエス・キリストは、ほかに何も付け加える必要のない仕方で人間の解放をもたらしてくださった方である。それ故に問答書では、人間の受動性がこれ以上強調されえないほどに強調されている。救いは純然たる贈り物である。しかし、自由にされた者として、キリスト者はこの世を変革するイエス・キリストの行動に参与している。その意味において、キリストはキリスト者の模範であり、確かにキリスト者はキリストへの服従を生き、キリストを言葉と行動において真似る。

こうして問答書は、しばしば教会史の中で一面的になりがちであった二つの次元を一つに結びつける。それは、共観福音書的視点とパウロ－ヨハネ的視点との統合である。おそらく今日の私たちはかつてとは違う仕方でいくつかの点を強調するだろうし、共観福音書の方を、宗教改革時代にそうであったよりもずっと強調するだろう。宗教改革時代には、危うさを伴う中世神学に対して身を守るために、パウロ－ヨハネ的視点が集中的に前面に押し出されたからである。しかし問答書では事柄それ自体において、両方の線が明らかに主張されていたのである。キリストは人間のために死んで甦ったのであり、決してそれを彼の民なしに行おうとはしない。彼が彼の民にそれを求めている。

第7章
義とされた人間
——義とされ、そして生きること

概して宗教改革的表明の中心と見なされるのは義認の使信、すなわち、恵みによってのみ人間は義とされるということである。そして教会の歴史全体を通して見ても、義認論というテーマをめぐってマルティン・ルターほど、その神学が一つのテーマに徹底して集中した神学者はほかにいなかった。とはいえ、このような言い方をそれほど単純に現代のプロテスタント教会に当てはめて語ることはできないだろう。二〇世紀後半、義認論の意義をどう評価するかをめぐって二つの非常に異なった見方が現れた。一方にはルーテル教会世界連盟が、あまり芳しくないことで知られるようになった声明（一九六三年）の中でこう断言した。

「今日の人間は、もはや『どのように私は恵み深い神を得るだろうか』とは問わない。現代の人間はもっとラディカルに、より本質的に問う。すなわち、『神よ、あなたはどこにいるのか』と、神それ自体を問う。……現代人はもはや罪のもとで苦しむことはない。むしろその現存在の無意味性のもとで悩む。彼はもう恵み深い神を問うことはなく、神は本当にいるのかと問う」[1]。

もしこの解釈が当たっているなら、それは、恵み深い神を中心に据えた義認論は、現代の人間にとってもはや理解されないものだということを意味する。義認論は一六世紀には妥当性を持っていたかもしれない罪意識を前提にしているが、今日ではそれがもう効力を失っているということになる。もし義認の使信が「今日の人間」にはもう理解されないのなら、いずれにしても人は義認論をもう中心に据えるべきではないということになる。たとえそれがなお理解されることを欲しているにしても。

この義認論の小冊子と対極に位置するものが一九九九年に現れた。この文書の中でルーテル世界連盟とローマ・カトリック教会が、義認論の理解において広範囲に及ぶ一致を表明したのである。こうした状況の中で（正確に言えば、声明の支持者によっても批判者によっても）明らかにされた点は、どれほど義認論がプロテスタントの（少なくともルター派の）教会と神学の中心にあったかということである。ルターに遡ると言われている発言、すなわち義認論は、教会が立ちもし倒れもする基本条項であるという言い回しが何度も強調された[2]。

ハイデルベルク信仰問答は義認よりむしろ義そのものについて語っているが、それでも義認のテーマは繰り返し中心になっている。総じて宗教改革は、義認論を先鋭化することは聖書に基づくものであると理解している。したがって二つの所見のどちらかを受け入れるに当たっては、どうしたら今日「義認」ないし「義」というテーマが効力を持つようになるのか、またそもそもそれは可能なのかが問われねばならない。そしてこの点でハイデルベルク信仰問答は、どのように理解を深める助けとなることができるだろうか。

義――多義的な概念

では「義」ということで何を理解すべきなのだろうか。あるいはより正確に言えば、ハイデルベルク信仰問答が「どのようにあなたは神の前で正しいのですか」（問60）と問う時、正しさとは何を意味しているのだろうか。

もし誰かある人が特定の法律や規則を遵守しているなら、その人は正しい。正しさがそういうことを意味している場合もあるだろう。神に関して言えば、もし誰かある人が神の戒めを遵守しているなら、その人は正しいということになるだろう。そして誰一人神の戒めを完全に守る者などいないので、誰一人正しい者はいないということになる。ここではそのように論理を進めることができるかもしれない。しかしたとえば新約聖書の中で最も集中的に義について考察しているパウロは、それほど単純に考えてはいない。というのは、個々の戒めの遵守は義そのものと同一ではないからである。むしろ、個々の戒めをすべて守れないということは、目の前に示されてはいない義がまだあることの示唆であり、その帰結である。それがおそらく結果として、人間は正しくないということのしるしにもなる。

正しさとはまた、すべてが正常であるということを意味する場合もあるだろう。そして何かが不均衡に陥っている場合、不正義が存在するということになる。神に関して言えば、それは、人間が（たとえば人間が戒めに違反したことによって）何かを不均衡にもたらしたということを意味する。その場合、埋め合わせがなされるなら、正義が再び取り戻されることになる。それ故人間は、以前神から奪ったものを神に返さなければならない。いわば清算するということである。それができないなら、償いとして理解されうる刑罰がなされねばならない。ここでの基本的な考え方は、損害は賠償されねばならないということである。しかし、起こってしまった不正を元通りにすることができるのだろうか。それができるのは、ただ一つの方式が受け入れられる場合だけである。すべての者がその方式を守らねばならず、それどころかこの方式はすべての者の上に立つものでなければならない。人間も神もこの方式の支配下にある。この考え方と非常に密接に結びついているのが、いわゆる配分的［因果応報的］な正義である。そこでは正義は、どんな人間も等しく扱われねばならず、すべての者が同じ秤《はかり》で一律に測られねばならないということを意味している。ほかの者より善い行いをした者は、それだけより正しいのであり、戒めに違反した者はより不正なのである。そこで（神の前に）正しいと認められるためには、善い行いをもってより良い仕方で（神の前に）立つように努めねばならない。もし人間が特別のことないし破格のことを行うことによって、悪しき行いを埋め合わせる何かを神に与え、そのことでより良い仕方で立つことができると思う場合、背後にあるのはこの正義の理解である。宗教改革時代における免罪符（贖宥状）販売はその一例である。しかしそのような考えは当時に限らず、たぶんどんな人間の中にも存在しているだろう。神はここでは特に、ある者に報い、ほかの者を罰する応報者として理解されている。

義についてのこうした考え方すべてを一つにしているものは何だろう。それは皆次のことを出発点にしている。すなわち、義は人間の振る舞いの中に示されるということである。義の本質は戒めの遵守にあり、それ故、善の行為、一つの方式の遵守、あるいは起こってしまった不正の埋め合わせにある。この後さらに示されるように、神の前における義に関して問答書の考え方は、そのような意味では十分に記述されているとは言いがたい。別の言い方をすれば、問答書は神の義を出発点にする独自の視点を取っている。第5章でこの神の義は神の交わりの信実として理解された。ではどのような意味で人間は「神の前に正しい」者であるのだろうか。そして私たちが「正しい行動」ということで理解している事柄に対して、この見方はどのような影響を与えるのだろうか。

交わりの信実としての義

義とは、神の義との関連ですでに第5章で示したように、背後にあるヘブライ語によって特徴づけられる聖書の文脈においては社会的な次元から理解されなければならず、交わりの信実という言葉で訳すことが最も適切である。もしハイデルベルク信仰問答の問60が「あなたは神の前に正しい者なのですか」となっているなら、その問いは神と人間との関係に関わっており、そして今度はそれとの関連で人間の交わりの信実が問われているのである。すでに明らかになったことは、神は人間との交わりに対して信実であるということである。それは、神が被造物から身を背けず、被造物との交わりを持ち続けてくださることによってである。神は信頼のおける契約のパートナーである。神が人間に対して信実である仕方については第6章で取り上げた。すなわち、神はイエス・キリストにおいて人間の身代わりになり、人間を異なる力の支配から解き放つことによって、人間にご自身の身を向けてくださっている。そして原則として、人間の正義について人が後から熟考することで付け加えられる新しい次元はない。それは、宗教改革全体にとって決定的な局面において深い認識が開かれたことを意味する。なぜならイエス・キリストの到来において、神の義も人間の義も認識可能になるからである。まことの神にしてまことの人間であるイエス・キリストはすなわち、神とは誰であり、私たち人間とはいかなる者かを私たちが認識できるお方なのである。

そして私たちの義に関して言えば、それはまず第一に次のことを意味する。私たちがキリストの油注ぎに与り、キリストが私たちの立場に立ってくださったことによって、私たちは神‐人間の関係において交わりの信実を生きている。人間は、イエス・キリストにあって現に存在するが故に、義とされている。そのことはすなわち、自分自身に関して言えば、たとえ私が自分自身に、そして自分の振る舞いの中にこのことを読み取ることができないにしても、私は正しいし、神に対して信実だということである。しかしこのことはまた私たちの隣人に関しても当てはまる。私たちが彼らをもイエス・

キリストにあって正しい者として認識するが故に、彼らもまた交わりの信実に生きている。ディートリッヒ・ボンヘッファーはこのことを適切に指摘している。「ひとりのキリスト者は、ただイエス・キリストを通してのみ、ほかのキリスト者に至る[3]」。彼の言葉が意味しているのはまさにこのことである。他者が実際には誰であるかはただイエス・キリストにおいてだけ認識されうる。他者は実際にすでに交わりの信実の中に置かれた正しい者であり、そして私もそうなのである。

義とは、誰でも自分の内に良い種を宿しているということではない

ところでこうした事情は、あたかも「ざらざらしたさやの中には良い種が隠れている」と言いたいかのように理解されてしまうかもしれない。誰でも実際には良い人であり、ただ育ちや環境が、良い人間から悪い人間を作り出しただけなのだという具合である。この考え方はたとえばルソーの中に見出せるし、さらに啓蒙主義にも広範に見出せるものだが、それは問答書の見解ではない。問答書は、この新しい現実は私たちの生み出した一部なのだということから出発せず、むしろ私たちの方がこの新しい現実の生み出したその一部なのだということから出発する。問答書によれば、私たちが潜在的に良い存在なので、その結果私たちから良い人間が生い育つことができるというのではない。私たちはイエス・キリストにおいて交わりの信実を生き、良い存在になるのである。人間の義は可能性の領

域に存在しており、それ故、それを現実化するかどうかは私たちに依存しているということを出発点にするなら、私たちは義をまったく倫理的な領域に位置づけることになる。そうなると結局、正しい者になり、正しい者として行動することは私たちの責任だということになる。そのように義を位置づける者は、人間に過大な要求をつきつけることになると問答書は見ている。問答書は人間を過度なまでに真剣に受け止めることはしない。神と人間の関係においては、キリストなしに考えられた人間は、決して神に対して信実であることはできないことが見て取られねばならない。キリストなしに人間が神に信実でありうるとは、本来的にまったく考えられない思想であり、いわば一種の抽象である。なぜなら、イエス・キリストは現に来られた方だからである。

贈られた関係？

この神の一方的な憐れみ（身を向けること）という考え方に対して、よく異議申し立てがなされる。「もし義がただ恵みによって私に贈られるとするなら、私自身にはまったく責任はないことになる。そうなると私は後見人を必要とする未成年者のようなものになってしまう。もし神が簡単に私の代わりに何かをしてくれるというなら、その時私は真剣には受け取られていない」。しかし、代理と呼ばれている事柄をよく考えてみれば、まさにそんなことは起こっていないことが分かる。見も知らぬ者が私に代わって登場しているのではない。そうではなく、私がすでにそこにいるのである。私が神に対して信実なのである。私は正しい。私は罪人ではない。代理の思想は、人間が後見人の必要な未成年者にさせられることを意味しない。むしろ人間は成熟した人間へと高められ、信実に生きる力が与えられ、神の似姿へと回復される。

もちろん、生まれながらの人間は自分ではそうすることができない。そう見ることは、問答書の見方からすると適切である。それ故問答書は、人間に神関係が贈り物として与えられるということに頼らざるをえない。神がイエス・キリストにおいて人間の身代わりになられるということ、神が歪められた古い人間から神との関係を持つことのできる新しい人間を造り出すということに、すべてが懸かっている。新約聖書ではこの行為が「新しい創造」と呼ばれている。たとえばパウロが、「だから、キリストと結ばれる人はだれでも、新しく創造された者なのです。古いものは過ぎ去り、新しいものが生じました」(Ⅱコリント5・17)と書く時、それによって言われているのは、この人間の完全な変革のことである。すべての時の初めに起こった創造の奇跡になぞらえうるものとして、そして何よりもその時と同様に被造物の協力なしに、まったき神関係を生きる新しい人間になるということが起こるのである。

問60　どのようにしてあなたは神の前で正しい者となるのですか。
答　ただひとえにイエス・キリストを信じるまことの信仰によってです。なるほど確かに私の良心は、私が神の戒めのすべてに対してはなはだしく罪を犯し、それどころか一つも守ったことがなく、今なお常にあらゆる悪に傾いているということで、私を責め立てます。しかし神は私に、まったく功績もないのに、純然たる恵みから、キリストの完全な償いと義と聖とを贈り与えてくださいます。私がただこの恵み深い行為を、信じる心をもって受け入れるなら、神はそれらを私のものとしてくださり、あたかも私が何一つ罪を犯さず、また犯したことがなかったかのように、そして、キリストが私のために成し遂げてくださった完全な服従を自分で行ったかのように見なしてくださいます。

もちろん、ただ信仰において認識されうるこの新しい人間は、単に理論上背後にあるものというわけではない。もしそうなら、この地上の把握可能な現実の方が本来のものだということになってしまうだろう。問答書はそれとは違う仕方で議論を展開する。この世の事柄が尺度なのではなく、神の行動こそ尺度なのである。なぜなら、信仰はこの世のまなざしが見るよりももっと深く、そして広く見るからである。信仰は私たちが本当にはどのような存在なのかを見る。そして信仰は、私たちが自分やほか人のことを自然的能力のさまざまな可能性という点から判断するようには判断しない。

したがって、私たちが見て聞いて理解することのできるものすべてが最後的な判断規準を持っているのではない。誰しも認めるように、そのことが思い煩いの元になる人は少なくない。ただ信仰だけが正しい現実を知っている。この事実から出発する者は、そのことによって以下のような意見に疑義を表明しているのである。すなわち、信仰を持たなくても、それ故信じない人でも皆そうした見方を持つことができるという意見に反対しているのである。確かに私が信じていること、そして私が信じている方を、それほど容易に伝えることはできない。なぜなら、信仰を持たない人々はこの自分とは異なった神的な現実性を前提としていない人々であるが、彼らは皆ただ目の前に信じている人間を見るにすぎず、私が現実性と呼んでいるものを見ないからである。「私は新しい人間である」と私は語ることができる。しかし、ほかの人が見聞きすることのできるものは、せいぜい一つの信仰深い主張である。つまり、信じている者は、決して一般的には説得力を持たないような現実性について語っているのだとされてしまう。そして実は、私たち自身にとっても事情は別ではない。私たちも自分たちの信仰を信じることはできない。それどころか、信じる者でさえ神的な現実性を見ることがなく、自分たちもまたこの世の一部であり、この世の現実性を越えて見る可能性の限られたごく一部に与っているにすぎないのである。だから信仰者もまた何度も繰り返し試みられる人間である。彼らが体験し、経験し、理解することのできるものは、繰り返し「本来の現実」を覆い隠してしまうからである。しかし、試みを乗り越えた時、本来の現実が明らかにされる。

なるほど確かに……しかし

良心のことを多くの人々は内なる良き声として、それどころか神の声として理解している。しかしハイデルベルク信仰問答はそのようには見ていない。良心は覚めた眼で人間の振る舞いを判断するからである。そこで結果はこうなる。私は神の戒めのすべてに違反し、一つも守れず、今もなお常に悪に傾いていると。すべてこのことは、交わりの信実が前もって存在していないことの証拠である。今や目標は、この神の交わりの信実に対して、人間が戒めを守ることによって正しくなることではない。人間にはそれができない。戒めに従えないということは、神と人間との関係が壊れていることを示している。その限りにおいては、戒めは素性を暴露する目印である。この事情は古典的に「律法の罪を糾弾する用法（usus elenchticus）」として理解されている。それは、神の戒め（たとえば十戒）、あるいはその要約としての愛の戒めでさえ、人間によって守られることがないことを指摘する。繰り返せば、戒めに従えないということは破壊された神関係を示すしるしである。もし人間がまったく神との一致の中にいたのであれば、それは神の意志と一致する生活になったはずである。しかし良心はどんな人間に対しても、「お前もまた罪人である。お前も神の意志との一致に生きてはいない」と指摘する。これは私たちのこの世の生まれながらの現実、私たちのあるがままの姿に対する冷厳な見方である。しかし問答書は今そのようなことをしているのではない。良心による罪の糾弾の代わりに問答書にふさわしいのは、ひとえに罪人を救う神の恵みに対する最大の讃美である。問答書は神の戒めに対する不服従というこの認識を、そこから罪人の救いの必要性を明らかにするために、スプリング・ボードとして利用しているのではない。むしろ出発点は、罪の認識が「なるほど確かに」という言葉で導入されているということにある。そのことはすなわち、まず何よりも先に、人間に贈られた義に気がつかされるということである。そしてそこから初めて、人間はこの与えられた義にふさわしく生きてはいないということ、つまり人間は罪人であるということが明らかになる。確かに、ハイデルベルク信仰問答がこの考え方をもっとはっきり強調してくれればよかったのにと思うところもある（この点については第4章を参照）。しかし、その考え方がすでにここで十分に明示されていることは、事柄上明らかである。私たちは神から贈られた義を自分で読み取ることはできない。どんな信仰者といえども、自分自身、また残念ながら他者の中に知覚し読み取ることのできるものは、自分と他者の身に信仰においてすでに現実となっていることとは一致しない生活である。それ故、もし良心が聖書的に鋳直されているなら、罪深さをはっきり知れば知るほど、それだけ一層人間がいかなる存在であるかについて多く知ることになるのである。

「なるほど確かに」に続くのは「しかし」である。すでに詳述したように、人間についての決定的な見方はまさに「神から来る」ものだからである。人間はもはや罪人ではなく、正しいのである。私は義とされている。なぜならキリストにおいては、その行ってくださったことのすべてが私のために起こったからである。いやそれどころかこう言わなければならない。それは「私によって」行われたのだと。キリストの完全な償いと義と聖とは、私のものになった。この三つの概念は単純にイエス・キリストの三重の職務の受容ではなく、聖書的な意味の関連性を受け継いでいる。そこでは償い（Genugtuung）は特に、「十分な仕方で（genug）」本当に起こったことを示している。この点では第5

章で論じた問11から問18までを指示することもできる。「義」は交わりの信実を指し示し、「聖」すなわち聖化――このことはもう少し後でより明瞭になるだろう――は行動を指し示している。これらすべてをキリストが成就してくださったのである。キリストはまことの人間として私たちの立場に立ってくださり、私たちをご自身に与らせ、その結果、「あたかも私が何一つ罪を犯さず、また犯したことがなかったかのように」神関係が正常なものになる。人間の罪、神から遠ざかっていること、人間の反抗、それらすべてがもはや数えられない。人間の立場に、人間のために、キリストが立ってくださっているからである。人間はもう正しい者とされたのである。

そのことはしばしば、人間が義と宣言されると表現される。この表現の長所は、第一に言葉の性質にある。ただ語りかけられることを通してだけ、人間は新しい義を得ることができる。そして第二の長所は、外からやって来る約束と関係している点にある。「古い」人間は（少なくとも大方）古い軌道の上にあり、依然として罪人として姿を現すからである。しかし他方では、義認の「語りかけ」というこの言い方は、すべてを表現するには弱すぎる。新しくなった人間の現実性を言い当てていないからである。それでハイデルベルク信仰問答も、この用語に関してどちらかと言えば控え目なのである。

信仰によって

第2章で明らかになったことは、ハイデルベルク信仰問答が信仰を、認識すること、告白すること、信頼することの相互連関において理解しているということであった。そのすべては人間の活動であり、それぞれもっと詳しく説明することもできる。宗教改革全体は、そしてハイデルベルク信仰問答も、「ただひとえにイエス・キリストを信じるまことの信仰によって」人間は神の前に義とされることを強調している。しかし宗教改革の時代にたちまち非難の声が上がった。それでは信仰が一つの救いの業になってしまうのではないかと。もし宗教改革が、どんな人間の行為も神との関係を再建することはできないということを明らかにし、神は人間の協力なしに人間を義とするという点にあらゆるアクセントが置かれていることを明らかにしているとすれば、次のような問いが生じる（それは中世の教会の側からもすでに出された問いでもある）。「そうなると人間の信仰は、神との関係を再び正常にするために必要な人間の行為になるのではないだろうか。そして信仰がそのように理解されるなら、信仰は結局、人間が神を特定の業（ここではまさに信じるという業）を通して喜ばせ、それに応じて報いてもらうという中世の理解と同じものにならないだろうか」。もしあらゆるアクセントが信仰の上に置かれるなら、そのような信仰を持つ者として受け入れられるためには、信仰はどのような内実を持たねばならないのだろうか。当然すぐそのように問われうるだろう。また時には、まったく特定の形態とまったく特定の内容だけが「正しい」信仰を特徴づけるという考え方が現れる。その結果、ほかの形態は「偽り」であるというレッテルを貼られることになる。したがって、人間は「信仰によって」義とされるという表現形式には解釈が必要である。そしてまさしくそのことをハイデルベルク信仰問答は問61において行っているのである。そこで問答書が用いている表現は、今日でもなお有益で、嫌疑を晴らすことができる。

問61　なぜあなたは、ただひとえに信仰によって義とされると言うのですか。

答　私の信仰が功績に値する業だから、私は神に喜ばれるのではありません。ただキリストの償いと義と聖だけが、神の前における私の義です。私はそれを信仰によってのほか、受け取ることができず、自分のものにすることができません。

最初の表現は誤解に対する防御である。信仰は、今ここにも書いた問答書の新しい版では、「功績に値する業」ではないとされている。以前の版では、「私の信仰の価値」が決定的なのではなく、イエス・キリストの業が私の義なのですとなっていた。もし私の信仰の業が神を喜ばせるということになれば、問答書でのこれまでの詳細な議論はすべて台無しになるだろう。そのことは、信仰の種類やあり方は決定的なものではないということ、信仰のあるべき実質を問う問いは不適切で、時に誤りに陥ることもあるということを意味する。自分の信仰は果たして十分強力なものかどうかと自問するあらゆる人間にとって、このことは肩の荷を下ろすことを意味する。憶測の上で自分より強い信仰を持っているように見えるほかの人を見ると、こういう問いが生じることもある。しかしまた、信仰が持ちこたえられるかどうか不確かな危機的状況においても、そのような問いは生じうる。ところがハイデルベルク信仰問答の言い方には批判的な要素も含まれている。なぜなら問答書は、信仰において高慢になり、ほかの人たちと比べて自分の信仰の方がより強力だと感じているか、そう自認しているような人々に対して、警告を与えているからである。信じることの質や量を測定できる「信仰のバロメーター」は存在しない。それ故、信仰が義とするのではないのである。

では、私たちに救いを与えるものという点から見て、信仰とはいったい何なのだろう。問答書で信仰とは、それを通して私たちにキリストの償いと義と聖が与えられる水路として理解されていると言うことができるだろう。そこでは信仰の形態は決定的なものではない。この点で信仰生活において同じ形態を取ることが問題なのではない。むしろ形の中に入れる中身が重要である。問答書が信仰を説明している三つの事柄、認識すること、告白すること、信頼することは常に対象に関わっており、それ故イエス・キリストに関わっているのである。人間は新しく創造されるのだから、人間のどのような協力も排除されている。信仰でさえも何ら人間の「業」ではない。

信仰も贈り物である——とはいえ義務も伴う

問65　もし信仰だけがキリストと彼のすべての良き業に与らせるなら、そのような信仰はどこから来るのですか。

答　聖霊が私たちの心に、聖なる福音の説教を通して信仰を呼び起こし、聖なるサクラメントの執行を通してそれを堅くしてくださいます。

したがって問答書はまた、神ご自身が信仰の成立に責任を持ってくださることを強調している。問答書は、あたかも人間が自分から信仰を生み出すことができるかのような解釈に反対する。ちなみにこの点はすべての宗教改革者と一致している。「古い」人間は自分で信仰を造り出すことはできない。マルティン・ルターもジャン・カルヴァンも明らかにそう主張している。神関係を造り出すことのできる可能性は自分にはなく、この点でそれは自由意志の拒否とも呼ばれている。

教会史の流れの中で繰り返し「自由意志」に賛同する人々は、大方一つの理由からそう主張してきた。彼らは人間が、信仰にも行いにも自分では責任のないマリオネット（操り人形）として理解されるのを望まなかった。むしろ彼らは聖書の多くの箇所でまさに人間の責任について語られていることを真剣に受け止めようとした。聖書には人間が何をなすべきか、またこの点で戒めがどのようにそれを明らかにしているかについて語られている。したがって人間は信仰に対しても責任を持っていると主張する人々の意図は、尊重されるべきだということになる。

それぞれ非常に一面的な二つの選択肢が二〇世紀に現れた。第一の理解はこう語る。信仰は提供物であり、人間はそれを受け入れることもできるし、拒否することもできる。そしてただ受け入れる場合にだけ、人間は義とされると。この立場で重要なことは、受け入れることがどこまでも信仰の本質的な要素であるという点である。しかし人間の新しい創造がただ、私が賛成する場合に初めて現実性を獲得する提供物として理解されるなら、結局のところ私の決断が神の行動より重要なものになる。そうなると、私は結果的に自分で自分を義とすることになる。私の人格の変更は私が然りと言うことによって起こり、キリストにおいて遂行された神の義によって起こるのではないからである。その場合には、信仰ないし少なくとも受け入れることは、一つの「功績的な」業になる。

第二の一面的な理解は、まさにそれとは反対の考え方にある。ここでは、信仰が聖霊の贈り物であると見られている。人間はそれを自分から「造り出す」ことはできない。しかしこのことから往々にして帰結されることは、信仰の本質がただ受動性にあるとされることである。人間のあらゆる活動が、自分で自分を義認しようとする危険物として理解される。そうなると、戒めを満たすことによって自分で自分を義認することへと誤って導くのではないかと心配するあまり、責任のある、神に応答する行動そのものについて語ることを放棄してしまう。

第一の一面性はしばしば敬虔主義や大覚醒の伝統の中に見られ、第二の一面性はルター派によって代表されてきた。ルター派では義認に対するルターの極端な強調に基づいて、多くの者がこの点をより原理的に考えたのである。

問64　しかしこの教えは人間を無責任で良心のない者にしませんか。
答　そんなことはありません。なぜなら、まことの信仰によってキリストに接ぎ木された人間が、感謝の実をもたらさないことは不可能だからです。

ハイデルベルク信仰問答は、この両方の一面的な理解とは別の道を歩む。この点で問答書はジャン・カルヴァンに従っている。一方で、新しい人間とその信仰の誕生が問題となる場合には、（古い）人間はまったく受動的である。しかし子細に観察すれば、（まことの）人間は非常に能動的である。イエス・キリストが祭司・預言者・王として彼らのために義を獲得してくださっている。まことの人間は決して受動的ではなく、能動的である。キリストは彼の父の御心と一致して生きている。彼は服従する者であり、体と魂において人間を癒やす方である。彼にあって、そう共観福音書は語るのであるが、神の国は明け初めたのである。キリスト者は、このイエス・キリストの業に参与している「新しい人間たち」である。信仰においてキリスト者は、神とのまったき一致において新しい被造物として生きる。それが、信じることにおいて現実となる私たちの姿である。この事情は、あたかもこの信仰の領域をこの世の義のあらゆる形態から完全に切り離すことができるかのようではない。むしろその逆が事実である。なぜなら、自分が新しい被造物であることを自覚している人間は、「感謝の実」をもたらすことになるからである。信仰のみの教えは受動性に至るのではないかという問いは、第一印象としてはもっともな問いである。しかしそれはただ最初に受ける印象にすぎない。なぜなら、古い人間と新しい人間は、ただ互いに無関係な二つの異なった存在ではないからである。それはまた、キリスト者は半分罪人で半分義人だということでもない。この推測には、人間は同時に（simul）罪人であり義人であるというマルティン・ルターの表現定式が影響している。ここではただこの定式を正確に理解することが重要である。キリスト者は、まったく完全に義とされた者、つまり神の御心に一致して生きる者として理解されるべきである。キリスト者はイエス・キリストの中に自分自身を見ることを許されているからである。しかし、キリスト者はまったく完全に罪人であり、自分をキリスト者として理解していない人々よりもましな人間であるとは、自分からは言えない。両方ともまったく完全にキリスト者の姿である。ルターは、人間は全部が罪人であり、全部が義人である（totus peccator totus iustus）というようにも語ったのである。しかし問いは続く。古い人間と新しい人間、罪人と義人は互いに無関係に存在しているのだろうかと。ここで問答書は、そんなことはありませんと答える。「感謝」という言葉は、内なる人間の自由が外に向かって発露すること、決して自動的・機械的というわけではないが、それでも当然そうなるものであることを示唆している。したがって義人は常に繰り返し、地上にあってより多くの正義が支配するようになることに対して、キリストと共に力を行使することができる。では、地上の正義のために積極的に身を投じるということは、本質的にどういうことなのだろうか。戒めを守ることがすべてだというほど単純なことではない。また償いをすることが中心になるわけでもない。もしこの世の義が神的な義に従うべきだとすれば、弱い者が立ち上がること、力のない者が強められること、世界中で貧しい者たちとの分かち合いが行われることは、重要な課題になる。その時には、被造物の保全のために身を投じることも正義の行動になる。なぜならそれは、与えられた交わりに対応しているからである。自由の贈り物は自由へと導く。それは他者へと身を向け、彼らの傍らに立つ自由である。

しかし、ただこうした関連を列挙するだけでもう十分だというわけではない。むしろ新しい被造物としてもなお古い被造世界のただ中で生き、そこに結びついている私たちの行動は、手ほどきを与えられ、それをよく身につけることを必要とする。感謝ははっきり相手に伝わらなければならず、しかも感謝することが学ばれなければならない。だからこそ、ハイデルベルク信仰問答の第三部の表題は「感謝について」となっているのである。そこでは十戒と主の祈りが解釈される。私たちはすでに義とされた者ではあるが、その義とされた者が行為する場合にもなお助けを必要とするからである。

第8章

創造を信じる
——慰めと委託

神学的に見れば、創造への問いは私たちの存在への問い、すなわち私たちがどこから来て、今どこにいて、そしてどこへと向かうのかを問う問いでもある。創造について語らないということは神学的な見方からすると、私たちが生まれ落ちたのは、無慈悲な諸力が多様な仕方で容赦なく支配し、偶然性が最後の言葉であり、生成と滅亡については語られても、外から世界に対向する究極的な根拠については語られない、そのような秩序のない世界を意味すると言ってよいだろう。

神学はしかし、創造者なる神について語る。どのような根拠に基づいて神学はそう語るのだろうか。そしてまた、どのような根拠に基づいてそう語ることができるのだろうか。

被造世界から創造者を導き出す？

神学においても、被造世界から遡って創造者を推論しようとする試みが何度も行われてきた。それについては、神認識の可能性との関連ですでに少し言及した。もし被造世界に神を認識する可能性が存在すると言うのなら、誰もが納得する普遍的に追体験可能なヒントが存在しなければならないことになる。現代にあってよく議論されるそのようなヒントは、世界の複雑性に注目する。たとえば、世界の複雑性は非常に大きく、その成立は世界自体からは説明不可能なので、世界の外に存在する最初の動者である一人の創始者が存在するに違いないとされる。知的設計という教説は、その背後に（神的な）計画が存在するに違いない普遍的に知覚可能な世界秩序を前提にしているので、おそらくこの線上にある。ちなみにこの立場では、神とはいかなる方かについては、この方が創始者だという以上には詳しく述べられない。とはいえこの推論方法に対しては、自然科学の側から多くの疑義が出されている。自然科学者はたいてい、さまざまな種の成立を突然変異と自然淘汰による進化論の枠組みで教えるからである。自然科学的、とりわけ生物学的起源論からの広範で大量の批判的な反論を前にして、なお知的設計の教説が貫かれうるかどうか、確かに疑われて然るべきである。しかし神学的見方からすると、［自然科学も含め］いかなる遡及法といえども問題があると言わざるをえない。なぜなら、被造世界から創造者を認識しようとする者は、被造世界の中の明白な痕跡に依存しているからである。ここから生じる問題は、私たちが見て・味わい・聞いて・触れることのできるものすべてが神によって造られたと言えるかどうかを問うということになる。神はすべてを造られたのか、それともただ若干のもの、たぶんただ良いものだけを造られたのではないかと人は問い始めることになる。

したがって、世界から神を知覚する可能性、あるいは神学的に表現すれば、被造物から創造者を推論する可能性を認める限り、世界の知覚の仕方によって神理解も異なってくる。知的設計はどちらかと言えば、神の業のすばらしい多様性を強調する楽観的な思想である。南アフリカで異なった皮膚の色が存在するという認識から、神がまさにそのことを望まれたのだということが結論される。もしそうでなければ、神はすべての人間を一つの皮膚の色で仕上げることもできたはずだからである。その結果は、いわゆるアパルトヘイトという政治だった。黒人たちを犠牲にするいわゆる「人種隔離」が続けられたのである。国家社会主義のドイツでは、たくさんの人々が人種的に正当化されたナチスのイデオロギーに感染し、神によって望まれた「白色人種」の支配がはびこった。それはとりわけユダヤ民族にとって残酷な結末を伴うものとなった。

もちろん、創造者を世界から認識できるという論法が、必然的にそうした結末に至らねばならないわけではない。問題はしかし、世界の中で神に欲せられたものとそうでないものを見分ける規準が存在しないことである。だから自然科学が語るのは「自然」であって「創造」ではないということは理に適っている。なぜなら「創造」を語る者はそのことですでに、たとえどんなものであれ被造物の起源として、ある種の「神的な」権威を告白しているからである。

良き創造という考えに対する異議申し立てとしての苦難

秩序づけられた世界について語る知的設計の主唱者の、明らかに楽観主義的な見方とはまったく異なる仕方で考える人々がいる。それはどちらかと言うと、混乱した世界を感じ取っている人たちの見方である。人生を規定しているのは成功ではなく、挫折である。彼らは死を、人生を脅かすものとして知覚している。ここでは往々にして世界の秩序に対する疑い、それ故世界を造られた方に対する疑いが人生を規定している。そのためギリシア哲学には、一人の神を被造世界と結びつけることができない傾向が広く見られた。神は善良な方であるが、世界は悪しきものであると語られた。それ故、彼らにとって被造世界に責任があるのは、(一人の善良な)神ではなく、暗い力(デミウルゴス)なのである。

神と被造世界を一緒に考え合わせることは、今日でもなお多くの人間にとってむずかしい事柄である。「善良な神なのに、どうやってそんなことを許すことができるのか。神が善良なら、なぜ神によって造られた世界にこれほど多くの禍や悪が存在するのだろうか」。この問いは単に原理上立てられた哲学の問いである必要はない。それは非常にしばしば個人的にも問われるものである。「神様、私が経験している苦しみが、どのようにあなたが善良な神であることと一致するのでしょうか」。そして神に対する問いから、神の前での嘆きや、それどころか神に対する告訴が生じる場合も珍しくはない。この問いは神義論の問いとも呼ばれる（この言葉は、問われているのは神であり、神に釈明が求められていることを示唆している）。

ヨハネの手紙一で言われている「神は愛である」［4・16］ということと、多くの人間がいわれもなく遭遇する苦しみとをどのように一緒に考えることができるのだろうか。この問いに対して本当に確信を与えられる答えというものはない。そこで何としても解決を見出したいとする試みがなされてきた。神義論という概念の由来している哲学者ゴットフリート・ヴィルヘルム・ライプニッツ（一六四六－一七一六年）はこう主張した。私たちは、あらゆる可能な世界の中で最善の世界に生きており、悪はただ幸福の裏側として理解されるべきであると。しかし多くの人々にとってこの答えは冷笑的に聞こえる。もう一つ別の解決を示す考え方は、悪が存在するのはただ人間が自分で悪を決断する自由を持っているからだというものである。しかしここでもまた人間に起因しない災いが視野に入っていない。別の答えはまた、災いの中に教育的な効用を見る。災いは教育するために役に立つ。そうでなければ端的に神の罰として見られる。すでに旧約聖書のヨブ記はこれらすべての解決の試みを熟考している。その上でそれらを退けているが、無理もないことである。キリスト者にとっても、災いがこの世に存在することに関して満足のいく説明は存在しない。良き創造への信仰告白とこの世の苦難とは緊張関係にある。ユルゲン・モルトマンはかつて正しくもこう言った。「キリスト教神学は悪を説明しようとする歴史の神学ではない」[1]。そしてこう続ける。それでもキリスト教信仰は初めから、世界に現存する悪に対して身を賭して戦い、勝利する神を指し示している。そしてキリスト者は、この解放に即応しつつ生きるべきであり、また命を破壊する諸力を克服する戦いに全力で取り組むべきであると。

神はすべてをあらかじめ定められたのだろうか

この世界の歩みはすべて前もって決められているのだろうか。この問いも同じように何百年もの間、多くの人々の頭を悩ませてきた問題である。そして答えは、問題をはらむ二つの極端な発言の間を揺れ動いている。「確かに、神は世界の創造者である。それ故、神はすべての事柄を厳密に計画されたに違いない」。そう一方では主張される。しかしこの議論の問題は、ここでもこの世の事物から直接神への遡及的推論がなされているという点にある。もしこの世界で物事がそのように進行しているなら、神がそう決めたからに違いないと。しかしそのような遡及的推論は危険である。なぜならそれは、神とは私たちが論理的に考えているままの方だということを前提にしているからである。もう一つの極論はこうである。「人間は自由であるように創造されている。人間はすべてを欲するままに行う自由を持っている。そして神は当面この世界と関わりを持たない」。そのように主張する者は、自由と人間の可能性とをはき違えている。その場合、神の創造はただ世界の最初の時点だけということになる。現在存在する世界と神はもはやまったく関わりを持たない。両方の極論とも問題である。なぜなら、すべてが神によってあらかじめ決められているという言明も、神はこの世の進行に関係がないという主張も、神学的な見方からすると問題のある思弁だからである。その代わりに私たちが神学においてなしうることは、この世界と共なる神の歴史、私たち個々の人間と共にある神の歴史について熟考することである。この神の歴史を証言しているものが聖書である。そしてハイデルベルク信仰問答がしていることも、この神の歴史の考察なのである。すなわち問答書は、神の行動から離れて創造を問うことはしない。それは何と慰めに満ちた考察だろう。

創造者への信仰告白としてのキリスト告白

問26　「私は父であり、全能者にして、天と地との造り主なる神を信じます」と言う時、あなたは何を信じているのですか。

答　私は、私たちの主イエス・キリストの永遠の父が、その御子の故に、私の神であり、私の父であることを信じています。神は天と地を、その中にあるすべてのものと共に無から創造し、今もなおその永遠のご計画と摂理によってこれを保持し、統治しておられます。この神に私は依り頼み、神が体と魂に必要なものすべてを私のために配慮してくださっており、この世にあって私に課されたあらゆる重荷をも最善のものに変えてくださることを疑いません。神はそれを全能なる神として行うことができ、しかも信実なる父としても行おうとしておられます。

問26から問28でハイデルベルク信仰問答は、使徒信条の最初の数行を解釈する。そこでは、父なる神が主要なテーマである。予想とは違い、問答書はまず最初に神の全能を解説し、それから創造に移行するということをしない。これは神学史では文句なく好んで用いられる順番なのだが、問答書はそうしていない。歴史における神の行動から離れて神の全能について語ることはできないからである。というのも、まず全能が定義され（たとえば、全能とはすべてのことをすることができることだというように）、それから神へと移行するなら、全能についての私たちの理解の方がいわば神の上位に位置し、神は全能で「なければならない」ということになるからである。

ハイデルベルク信仰問答は父なる神についての考察を、イエス・キリストについての言及をもって始める。自分をイエス・キリストのものであると理解するようになった者は、誰でも創造者について語ることができる。そうでなければ、創造者について語ることはできない。イエス・キリストを知らなければ、私たちの生きている世界が神によって造られたものだということを私はまったく知らない。それ故、この点で問答書は以下のような試み、すなわち人間が直観的に、あるいは世界を観察することから、世界が「被造物」であって単なる自然ではないという認識に直接アプローチしようとするあらゆる試みに対して、明らかに異議を唱えているのである。それによって、上述の三つの思考可能性［知的設計論、神義論的疑義、理神論的決定論］はすべて批判的に見られている。私は被造世界から創造者へと直接推論することはできない。なぜなら私はイエス・キリストにおいて初めて、神とは誰であり、いかなる方かを見るからである。それどころか、さらに問われねばならないことは、まず父なる神について語り、それからようやくイエス・キリストについて語る使徒信条の順番は、そもそも問題ではないのかということである。というのは、この思考法は父を基盤とした上で、御子と聖霊を付加物か、いずれにせよ第二義的なものと見なすに至るからである。ともかく問答書はそう考えず、明確にこう表現する。「新しい人間」として初めて、それ故、イエス・キリストにおける神の救済の行為からして初めて、人間は創造者に関しての信仰の認識を得ると。神と苦難とを一つの体系の中で調和させようと考えたり、それによって悲惨さを伴った現存の世界を直接神の意志と一致させようとする試みをも、問答書は拒否する。それは、神義論的問いをさまざまに解決しようとする試みやすべてを包括する前もっての決定論といった考え方に近い。ハイデルベルク信仰問答にとって、神は創造者であると言うことは、私たちはキリストにおいて贖われていると言うことより、比較的容易な発言だというわけではない。両方の陳述は結び合っているのである。

現在の神の信実の表現としての創造

「創造」のテーマでは多くの場合、遡って原初に視線が向けられる。今あるものはいったいどこから来ているのだろう。誰が世界を造ったのか。問答書もこのことを問うが、ほかの多くの場合とは異なり、それだけを切り離して問うことはしていない。神が天と地を無から創造されたという陳述と並んで、すぐに――しかも明らかにより詳しく――神の保持への指示が続くからである。神は今日もなお統治しておられる。神は今日、私のことをも配慮してくださっている。そして、人生において良くないことを、最も良いことへと変えてくださるだろう。神は世界全体を御手の中に保持しておられる。それが問答書にとって、創造者なる神に対する信仰告白なのである。

現在を強調するこの創造者の告白の意義は、今日経済的に恵まれた状態を生きている多くのキリスト者にとっては、おそらく一六世紀のドイツに生きていた大勢の人間に比べると、あまりピンと来ないことだろう。問答書のもともとのテキスト草稿は問26において、「嘆きの谷」［詩編84・7］という概念を用いていた。本書も採用している改訂版［一九九七年版］では「この世」と置き換えられている。たとえ今日の人間がごくたまに人生を「嘆きの谷」と見なすことがあるにしても、それは二一世紀のヨーロッパ中部に生きる私たちの感覚に共通する基本的な特徴ではない。しかしテキストの成立時には明らかに事情は異なっており、この概念こそ一六世紀の時代精神を映し出しているのである。そしてそれ以上にこの概念は、この世の生の反対概念としても理解されねばならない。天国、すなわち地上の制約によって規定されない神の近さこそ、現在経験される現実に対する反対像なのである。古い人間は（原因は自分にもある）嘆きの谷を生きており、その希望を神の栄光に置いている。ただし地上の人生を嘆きの谷として認識することが、現在の神の創造者としての力に頼らせるための前提として見られるべきではない（その意味では、この嘆きの谷という概念をただこの世という率直な言葉に置き換えたことは明らかな長所である）。この概念はただ、創造について語ることがどれほどむずかしいかということを、おそらくほかの言葉よりも明らかにしていると言えるだろう。したがって神を創造者として認識することは、常にまた「にもかかわらず」という性格を持つのであり、外見に逆らう認識である。たとえ地上の生涯が死の特徴を持っているとしても、にもかかわらず、イエス・キリストにおいて見られるべき人間を憐れんでくださる神こそが、統治し導いておられる。それ故創造の神学は常にまた魂に慰めを与える牧会的な次元を持っている。問26の末尾には二重の表現で、互いに切り離しえない二つの神の属性［全能と信実］が表現されている。すなわち、神の全能は抽象的な概念として理解されるべきではなく、神はまた実際にすべてを善に変えることのできる方であることが強調されている。そして「信実なる父」という表現は、いわば全能の内容的な特徴、すなわち彼の愛を指し示しているのである。

摂理とは？

問27　あなたは神の摂理ということで何を理解しますか。

答　全能で今も働いている神の力です。神はそれを通して、天と地をすべての被造物と共に、いわばその御手をもって保持し、統治し、その結果、木の葉も草も、雨も日照りも、実り多き年も実りなき年も、食べることも飲むことも、健康も病も、富も貧しさも、そのほかすべてのことを私たちに、偶然によってではなく、その父なる御手からもたらされるのです。

すぐ続く問27はもう一度創造者の現在の働きを「摂理」という概念のもとで考察している。しばしばよく「摂理」という概念が「予見」と同一視され、すでに触れた考え方、すなわち、神がすべてを前もって決定し、万事がその計画に従って経過することだと考えられている。そうなると摂理は、この世で経過する歴史の解釈になるだろう。つまり、起こることのすべては神の意志に従って起こる。問27をそのように読む者は、少なくとも第一印象としておそらくこの見解を、問26に続いてここにも再発見するだろう。ところで問答書のもともとの表現は、「前もって見ること（Vorsehung）」について語っているのではなく、「〜のために見ること（Fürsehung）」について語っている。providentia というラテン語の概念は「心配り（Fürsorge）」と訳すのが最も好ましい。ハイデルベルク信仰問答は、決して知覚可能な事物から遡って神に至る遡及的推論を行っているのではなく、信仰の対象である神の信実に基づいて、天と地とそこに満ちるすべての生き物が神によって導かれ、配慮されているのを見ているのである。ひょっとするとそれは現代の人間にとってあまりに素朴な感じを与えるかもしれない。なぜなら私たちは自然科学的な関連を私たちの父祖たちよりずっとよく知っているからであり、それ故、世界は全体的にも個別的にも神によって影響されず、動かされもしないと見ているからである。多くのものは私たちにとってもう自明な存在になってしまっており、技術的に支配可能なものになっている。しかし状況によっては時折、私たちの支配する世界の自明性は揺らいでしまう。ハイデルベルク信仰問答は生命の存続の中に被造物に対する神の信実を見ており、たとえ生命が断ち切られることがあっても、そこになお神の信実を見ている。しかし問答書にとって、すべては決定されているとただ論理上主張することが重要なのではない。問答書の選択肢とは、結局ただ偶然が支配しているのか、それとも私たちは神の御手の中にあるのかということである。そしてまさにここで私たちは、最初に触れた選択肢に再び直面する。それはおそらく誰にとっても根本問題なのであるが、自然科学的な方法で確かめうる現実が現実全体なのかどうかという問題である。もしそうなら、結局この世界の運命は無名の生成と消滅に委ねられてしまうだろう。それとも、この知覚を越えたところに、そこから世界全体を理解することのできるもう一つ別の現実が存在するのだろうか。問答書が創造者なる神について語る場合、まさにそのことを考えているのである。

創造者を信じる信仰の益

問答書は常にそれが信じられる場合、その益は何ですかと問うことがしばしばある。神こそ被造物を配慮してくださる創造者であると信じることは、人間にとってどんな益になるのだろうか。ここでは、神が人間を手放さないことは人間にとって何の益になるだろうかとは問われていない。この人間の自由をめぐる問いは、これまで考察してきた問いのテーマであった。しかし今の問題は、創造者なる神を信じる人間の信仰である。人間がそう信じる時、何が人間の役に立つのだろうか。差し当たり、答えられない事柄［否定形でしか言い表せないこと］の方は明らかである。つまり信仰は、永遠の救いを獲得するための手段ではない。救いを与えるのはイエス・キリストにおける神のみである。問答書によれば、創造者にして「配慮する方」である神への信仰は、神が私たちの内に忍耐と感謝と信頼を呼び起こすことによって、私たちの人生のただ中に働きかけてくるものである［だから信仰の益とは救いのご利益のことではない］。

問28　神の創造と摂理の認識は私たちにとってどんな益がありますか。

答　神はそれによって、私たちがあらゆる不遇にも忍耐し、至福の時には感謝し、将来に対しては私たちの信実な父である神にまったき信頼を置き、その結果、私たちを神の愛から引き離すものは何もないことを信頼して生きるように望んでおられます。被造物はすべて、神の御心なしには動くことも動かされることもできないほどに、御手の中にあるからです。

「あらゆる不遇にも忍耐し」は、あらゆる自発性を抑制し、いやそれどころか場合によっては「卑屈な奴隷根性」を促すような忍従の美徳として理解されてしまうかもしれない。受け身になることが問題となっているからである。しかしこの受け身の態度は、ハイデルベルク信仰問答にはまったくふさわしくない！　宗教改革者たちは改革運動に積極的に参加して勝利を獲得したのであり、確信をもって、またさまざまな気性の激しさをもって、旧態依然とした中世の教会とは一切妥協しなかったのである。むしろ忍耐の強調において重要なことは、人生で難題に直面したとすれば、時にはじっと耐えねばならない場合があるということなのである。それは病気や死別の場合であり、多かれ少なかれ不幸と感じられる場合である。ディートリッヒ・ボンヘッファーは適切にこう表現する。「多くの願いが満たされないでも、それにもかかわらず満たされた生活というものがある(2)」と。忍耐とは、不遇を越えて見ることができることを意味している。なぜなら、しばしば外見に反して、神こそが統治しておられ、神が最後の言葉をも持っておられるからである。

感謝することはハイデルベルク信仰問答において大きな意味を持つ言葉の一つである。それは第三部の表題となっている。そこでは十戒と主の祈りが解釈される。ハイデルベルク信仰問答の感謝するという言葉は、時折子どもたちがそうしなさいと教えられる（大人たちにもなじみの）外交辞令と混同されてはならない。外交辞令ならうわべだけにとどまる場合もある。しかしここでの感謝は神が身を向けてくださることに対する人間の自由な応答である。「至福の時」は、第一印象ではただこの世の喜びとして理解されてしまうかもしれない。その場合、人間の応答とは事実起こったことをそのまま受け入れることだと理解されることにもなりかねないだろう。事がうまく行かなかったら忍耐し、うまく行ったら感謝せよということになる。しかし、「至福の時」とはこの世の幸せの経験以上のものであり、ラテン語の beatitudo をドイツ語で言い表したもので、人間は罪人であるにもかかわらず将来を持っているということである。至福とは、望まれている人間の状態、そして実は今すでに現在化している人間の状態、つまり新しい人間の状態である。そしてまた感謝とは、何からも強制されない人間全体の生の態度である。ヘルムート・ゴルヴィツァーが言うように、感謝することは「自由の行為であり、積極的な自由、互いに対する自由、福音的な自由の行為である」[3]。彼はそう言うことによって、感謝することが常に一つの交互作用であり、神への愛と隣人への愛の表現であることを明らかにしている。感謝することは常に一つの関係（交わり）の構成要素である。ヘルムート・ゴルヴィツァーは次のことにも注意を喚起している。「主よ、私は感謝することができることをあなたに感謝します」という「感謝」の讃美歌[4]は、決して月並みな歌詞として理解されるべきではなく[5]、実に的確な一つの表現である。おそらくこれを聞けば、ハイデルベルク信仰問答も賛同したに違いない。

創造者なる神への信仰の持つ第三の益は、将来に対する信頼である。キリスト教的な言語使用においては時に酷使されてきた「信頼（Vertrauen）」は、もうあまり用いられなくなった古い言葉に代わって登場している。もともとのテキストでは「確実な期待（Zuversicht）」となっている。そしてこの確実な期待という言葉は信頼よりずっと明確な事柄を表現している。それは将来をも含む展望が重要だということである。神が世界を御手のうちに保持しているということは、世界の将来が神の御手の中にあるということでもある。そしてその意味で良き将来を希望するということは、究極的に生命を肯定することだということである。したがって、神が同伴してくださることに希望をかけるキリスト教信仰は、最終的に望みのなくなった状態や信頼できるものを失った人間の存在を予想していない。しかもそれは、人間の善を信じるが故の理想主義的な理由からではない。神がその被造物を見捨てではおかないからであり、神が被造物との交わりに初めから一貫して信実であり続けるからである。

とはいえ、問28の最後の文章は少し奇妙に聞こえる。決定主義的な解釈に多くの余地を許している。すべての被造物は神の御手にあるので、その結果、神の意志なしには動くことも動かされることもできないとある。問答書はここで一般的な摂理について語っているのだろうか。オランダの神学者、コルネリス・ハイコ・ミスコッテは、問28の解釈においてマタイによる福音書10章29節を省察している。そこには雀について「その一羽さえ、あなたがたの父のお許しがなければ、地に落ちることはない」と言われている。ついでにその一節後に続くのは、ハイデルベルク信仰問答問1が引用している聖書の箇所である。すなわち、「天におられる私の父の御心なしには、私の頭から髪の毛一本たりとも地に落ちることはできません」と。ミスコッテはこう書いている。

「父の御心なしには一羽の雀も地に落ちない！　どのような意味でこのことが私たちにとって慰めになりうるのだろう。……慰めは雀が落ちないことにあるのではなく、雀が運命に基づいて、あるいは偶然によって落ちるのではないということにある。雀は意識を持った賢明なる意志によって落ちるのである。……私たちは摂理の考え方を、雀が落ちるのを見たくないというような感傷主義者の手に委ねてはならない。しかし同時にまた雀がもはや落ちることのない時が来ることを信じる楽観主義者の手に委ねてもならない。私たちは、すべての事物が意味を持っていることを信じる。それ自体に備わったあれやこれやの意味ではなく、またそれ自体が『神的な』意味を持っているということでもなく、神の属性との一致において生じる意味である。それを信じることは実際には生やさしいことではなく、大いなる挑戦である。信仰はぶらぶら散歩するようなものではなく、命がけの営為なのである(6)」。

この文章によってミスコッテが明らかにしていることは、神の摂理を信じる信仰は、「汎神論のように」目の前の現実を過度なまでに宗教的に高めることを意味するのではないということである。むしろそれは、外見の印象に抵抗して、つまり見かけ上強力なこの世の諸力に抵抗しての信仰告白なのである。そしてこの外見の印象に抵抗して信じることは、イエス・キリストにおいて贈られた神の愛の中にその根拠を持っている。人間をこの神の愛から引き離すことのできるものは何もない。

信頼に満ちて生きる

創造者なる神を信じる信仰は決して受動性へと至らず、むしろ能動性へと導く。私は赦されているという信仰は怠惰な人間ではなく活動的な人間を作り出す。問64［一七一頁参照］を真剣に受け止めるなら、そのように語ることができるだろう。私たちが世界の創造者なのではないということへの信頼において私たちは、ただ一人の方のその被造物への変わらざる信実の故に、忍耐深く、感謝を持ち、確かな信頼を抱いて生きることができるのである。

問125　「私たちの日ごとのパンを今日私たちにお与えください」という第四の祈願は何を意味していますか。

答　そのことで私たちは神に、体と命にとって必要なことのすべてを私たちに備えてくださいと祈っています。そしてそれによって、ただあなただけがあらゆる良きものの源であり、あなたの祝福なしには、私たちの思い煩いも私たちの労働も、同様にあなたの賜物も、私たちには無益だということを知るように教えてくださいと祈っています。そのため私たちの寄せる信頼をすべての被造物から退けて、ただあなたにのみ向けさせてくださいと祈っているのです。

この洞察は問答書全体を特徴づけているものである。問125は主の祈りの解説の一部である。日ごとのパンを求める祈願は、創造者なる神が被造物に対して信実であり続けており、同伴してくださっていることへの信頼の表現である。ここにもまたさまざまな面から認識されるべき事柄がある。まず第一に、この解説は非常に素直に、神が人間に命に必要なものすべてを与えてくださるようにと願う祈りを取り上げている。それからいくつか人間の活動に焦点が当てられている。そのような意味でここでの関心は、神だけが良きものの源であり、人間全体が神関係の中にあることを知ろうとする願いなのであって、単なる知的関心事として理解されるべきではない。そして「あなたの祝福なしには、私たちの思い煩いも私たちの労働も、同様にあなたの賜物も、私たちには無益だということを知るように教えてください」という文章は、神の同伴を信じる信仰が、実りある人生を生きるのにどれほど必要かを明らかにしている（人間の活動は神の祝福を必要としている）[7]。それ故、神が活動しているのか、それとも人間なのかという二者択一の原則は当てはまらない。たとえ今日この二者択一がまた息を吹き返しているとしても、問答書はこの選択肢をとっくの昔に乗り越えている。人間はそのすべての行為もろとも神の祝福に依存し続けている。それをしているのは神なので、人間は手をこまねいて何もしないというのではない。神は人間を彼の同労者として用いられる。問答書はもちろん神が人間の行為に依存しているなどとは考えてはいない。しかし確かに神は、ご自身の創造的な行為を実現するために、人間を用いようとしておられるのである。

被造物への信頼を批判する文章は詩編146編3節を取り入れたもので、聖書の箇所がそのまま問答書の中に導入されているわけではないが、その主張は日ごとのパンを求める祈りの締めくくりとしての役割を果たしている。「領主に依り頼んではならない。救う力のない人間に」。権力のある人間はまわりの者たちに、自分に信頼することが将来を保証するのだと繰り返し説得しようとする。しかしここで日ごとのパンを求める祈りは冷静になるように助ける。マティアス・ヨリッセンの韻を踏んだ讃美歌の歌詞は美しくこう表現している。

「領主を信頼するなかれ！　領主の救いは断じて確かならず。いかほど人間に依り頼もうとも、その霊はすぐ彼を離れるにあらずや。見よ、領主は倒れ、死のえじきにならん。彼の陰謀と目論見は塵《ちり》とならん(8)」。

人間に信頼しないということの一事は、偉大な仕事でありうる。

第9章

聖霊——キリストと一つにされること

重要なキリスト教祝祭日のうち、エルサレムに集まっていた弟子たちの上に聖霊が降ったことを伝える聖霊降臨日（ペンテコステ）は、多くの人々の生活の中に位置を占めることの一番少ない祭りである。たとえば昇天日を父の日に、復活日（イースター）を象徴的に卵を用いて多産を願う祭りに読み替えるようなことも、聖霊降臨日にはできない。その結果、多くの人々はこの祝祭にほとんど関わりを持たなくなってしまっている。それはまた私たちプロテスタント教会の多くの者が、具体的なイメージを聖霊と結びつけるのに苦労していることにも、おそらく理由があるだろう。そして多くの礼拝において、（たとえば礼拝の初めか洗礼に際して語られる）わずかな言い回しやまたペンテコステの時を除いて、聖霊はあまり語られなくなってきているのである。

しかしそうした現象は、教会の至るところで起こっているわけではない。別の教会の諸伝統においては、明らかに聖霊がより重要視されているからである。東方正教会では明らかに聖霊を呼び求める祈りがより集中的になされている。そしてサクラメントの祝いでは、パンとぶどう酒がイエス・キリストの体と血とに変化する際に、聖霊の共なる働きを祈り求めることが、顕著で不可欠な役割を果たしている。聖霊はそれ故、典礼の中に際立った仕方で現臨している。もう一つ挙げると、ペンテコステ派の教会では聖霊がまったく異なる仕方で強調される。そこでは（少なくとも典型的なペンテコステ運動の明白な特徴の一つとして）聖霊による洗礼がキリスト者であることの第二の段階として知られている。そしてこの霊の賜物は、たとえば理解できない言葉によって語るいわゆる異言の形において、あるいは癒やしにおいても示される。特にアフリカと南アメリカのペンテコステ派の教会では、聖霊を著しく強調するこのキリスト者のあり方がブームとなっている。

この聖霊主義的な敬虔のいくつかの要素はドイツのプロテスタント教会の中にも入り込んでいる。たとえばそれは、礼拝の導入部におけるいわゆる讃詠の中に示されている。この部分は明らかに情緒的なものに強調点が置かれている。時折短い節が何度もリフレインされることが多い。果たしてこのことは、聖霊の働きが特に熱狂的な興奮や感情の中に位置づけられるということを意味しているのだろうか。確かに州教会に属する各個教会で忘我状態になるような体験はまれであるが、しかし特別な気分を強調することは、しばしば聖霊の特別な体験であると見なされている。

三位一体の一位格としての聖霊

では聖霊について一般的に言われるべきことは何だろう。キリスト教の教理においては、聖霊は神の三位一体の一位格として語られる。すなわち、私は父と子と聖霊なる神を信じますと。注目すべきことに、人間イエスが神として理解されねばならないという見解に対しては頻繁に疑義が表明されるのに、少なくとも聖霊の神性に対する、声になって現れる表だった説明の要求は明らかに少ない。旧約聖書においてもすでに神の霊について語られているが、それが要求の少ない理由なのだろうか。それとも、私たちはこの点で霊をそれほど真剣に考えていないということなのだろうか。いずれにしても聖霊は、教会のさまざまな信仰告白によれば、神の三位一体の一部である。ではこの点をどう理解したらよいのだろう。プロテスタント神学の影響の強い地域では、この数十年ほど聖霊論独自の特徴を強調しようとし、その際東方正教会の伝統から得た洞察にも言及されてきた。そこでは三つの神的位格相互の関係を問う問いが重要となっている。あるいはより正確に言えば、イエス・キリストから出発するのとは別に、多かれ少なかれ聖霊の自立した働きから出発することができるかどうかという問題である。そして、これを肯定する声が増えている。つまり私たちは、聖霊を真剣に受け止め、この世界における聖霊の働きを正しく評価することを新たに学ぶため、キリストにだけ単独で固執する必要はないというのである。こうした神学者たちはまた、西方キリスト教における霊の忘却がいずれにしてもその一つの原因になっていると主張する。ここ数十年の間のそうした神学者たちの試み[1]は、アクセントの置き方からしてペンテコステ派の神学的な強調の仕方に近い。しかしこの関連で、そもそも私たちは聖霊について、どのようにしてそれが聖霊であると言うことができるのだろうかという問いが生じてくる。何が厳密に聖霊の働きなのだろう。そしてどのように聖霊を一般的な生命力と同一視する危険から免れることができるのだろう。そのような同一視においては、自分の願望や価値観が聖霊信仰に持ち込まれることが起こりうる。そしてまた、神は一人であり、決してさまざまな神々がいるのではないという信仰告白に対して、聖霊の独自性をどう主張できるのだろうか。

人格か力か

教会は長い間、聖霊の「人格」という性格を強調してきた。それは特に聖霊に祈りが捧げられるところ（特に東方正教会）では当然のことであり、必然的でもある。ユダヤ－キリスト教的な理解では、祈ることは相手を必要としている。多くの聖霊降臨日の讃美歌も、この面を明確に表現している。カール・ヨハン・フィリップ・シュピッタの有名な讃美歌にこうある。「来たれ、汝、真理の霊よ、我らを訪れ、明澄なる光を放ち、見せかけの偽りを追い払いたまえ[2]」。

これに対して、「いや聖霊は人格ではなく、ただ神の力として理解すべきだ」ということを明らかにしようとする主張が繰り返される。一例を挙げると、啓蒙主義の影響を受けた神学的な発想の中にこの立場の主張が見られた。人々は想像をふくらませることを避け、特に霊の働きから考えようとした。

聖書それ自体の中では明らかに二つの線が主張されている。そこでは霊が人格として語られているし（イエスは聖霊を彼の代理者として派遣する）、また同時に神の力としても語られている。ではハイデルベルク信仰問答は果たして、聖霊を今日的に理解するための助けになるような対話を提供しているかどうかが問われてくる。

控え目ではなく

問53　あなたは聖霊について何を信じますか。

答　第一に、聖霊は父と子と同様に永遠の神であるということ、第二に、聖霊は私にも与えられており、まことの信仰を通してキリストと彼のすべての恵みの賜物に与らせてくださるということです。聖霊は私を慰め、永遠に私と共にいてくださいます。

まず最初に目に付くことは、聖霊が主題になっている時、ハイデルベルク信仰問答は決して控え目ではないということである。聖霊は四〇回以上も明白に名指しされている。最初にすぐ問1に出てくる。一見してすぐ分かることは、ハイデルベルク信仰問答にとって聖霊は神学的に自明なものだということである。それ故、人がプロテスタント的伝統における霊の忘却について語りたいとしても、宗教改革のこのテキストを見る限り、いずれにせよそれは当たっていないということである。ただしもちろん、宗教改革による聖霊論の神学的強調は、東方正教会やペンテコステ派に特徴的な強調の仕方とは異なっている。この点は確認しておかなければならない。重要視されているのは特別の体験でも、イエス・キリストから離れた働きでもない。主題を概観する問53は、すでにいくつかの特徴的な点を強調している。すなわち聖霊は、第一に神的な人格として理解され、第二にイエス・キリストとの交わりへと導き、第三にこの交わりの中に保持してくださる方だという点である。

イエス・キリストの霊としての聖霊

問答書が霊を主題化している四〇以上の箇所のうち、聖霊の本質とは厳密に何かという聖霊独自の存在論に関わる説得力ある議論は、ほんのわずかしかない。むしろ問答書は、神を位格どうしの関係において考える広い伝統の中に立っている。神とは関係の中におられる。そして人間もまさに同じである。人間がそもそも神について何かを語ることができるとすれば、その根本的な可能性はこの神のあり方に関わっている。この点は問1において最初にすぐ強調されていたことである。ただ人間と神との関係の中でのみ、信頼の置ける信仰の表明をなしうる。そのことは当然聖霊についての語りにも当てはまる。関係を強調する本質的な根拠は、神ご自身において関係について語ることができるという点に見出される。父・子・聖霊について語られる場合には常に、一人の父、一人の子、一人の霊についての抽象的な言述が重要なのではないからである。そうではなく、父なる神とはイエス・キリストの父である。またイエス・キリストは父なる神の御子である。そして聖霊は、何かある気配のようなものではなく、父と子の霊である。ただ関係の中でのみ神は言述可能である。自己自身との関係において、また他者、すなわち世界、それ故にまた私たちとの関係において、神は言述可能である。だから個々の位格について独立して語られるのではなく、それらの相互関係について繰り返し語られるのである。そのような意味で神については、父・子・聖霊という三つの位格が区別されつつも一つであるような方として語られる。そして問答書は何度も、働かれるのは「彼の霊」であると表現している。「彼の霊」における「彼の」とは神それ自体の場合もあるが、たいていはイエス・キリストのことである。この神の中にある関係が、西方教会（それ故、ローマ・カトリックとプロテスタント教会）で考えられている三位一体の表象に特徴的なものである。すべての位格が神においては、それぞれほかの位格との混同されえない関係を持っている。

問25　神はただ一人の方であるのに、いったいなぜあなたは父・子・聖霊という三つの名前を用いるのですか。

答　なぜなら、神はこれら三つの位格を区別しつつ、しかも一人のまことなる永遠の神であるという仕方で、その言葉においてご自身を啓示されたからです。

西方教会の特徴は御子による聖霊の派遣である。東方のキリスト教は明らかにこの点をあまり強調しないし、場合によっては時折それを放棄することさえある。東方教会はニケア信条の中で、霊は父から発出すると表現するのに対して、同じ信条の中で西方教会は、霊は父と子からもまた発出すると語る。それは今日まで東方教会と西方教会の間の主要な違いになっている。ハイデルベルク信仰問答は一一回もっぱらイエス・キリストの霊について語り、意識して西方教会の線上に立っている。そして父を御子の上に位置づけることをしない。問答書はそれ故、神の中の関係を階層的に考えない。ところで、どちらかと言うと伝統的なこの解釈と並んで目を引くことは、問答書がもう一つ別の関係を同様に強調していることである。それは、最近数十年の間にまた脚光を浴びることになった面である。すなわち、イエス・キリストは聖霊によって油注がれたのである。そのことによって意味されていることは、御子は単に聖霊の「派遣者」であるばかりでなく、聖霊の「受領者」でもあるということである。しばしば処女降誕にだけ当てはめられていたこの考え方は、ハイデルベルク信仰問答においてもっと大きく拡大されている。先の第6章で、イエス・キリストが油注がれて祭司・預言者・王へと任命されたことに触れたが、その油注ぎは聖霊によって起こっている。その結果としてキリスト者もまたキリストの油注ぎに与るので、彼らにも聖霊がイエス・キリストにあって約束されているのである。

同じように聖霊によるイエスの油注ぎを強調するいくつかの新しい試み(3)とは違い、問答書は、イエス・キリストによる霊の派遣を犠牲にすることなく、聖霊によるイエスの油注ぎを強調している。むしろ問答書は子から聖霊へ、そして聖霊から子へという両方向を強調することができる。なぜなら、問答書はイエス・キリストにおける神の行為を、決して位格の様態論的な重複として理解しているのではなく、そもそも父と子、そしてまさに聖霊でもある神について語ることのできる決定的な可能性として理解しているからである。

聖霊はキリストの中に、そして同時に私たちの中に内住する

ハイデルベルク信仰問答にとって聖霊の「存在」についての考察より重要なことは、その行動と働きである。父なる神においては、この方がどのような方「である」のか（たとえば全能であるというように）、いわゆる属性を推論することは依然として可能である。またイエス・キリストにおいても、この方が「まことの神にしてまことの人間」であるということが問答書では強調される。しかしそれ

らとは違い、霊の「存在」については、この方がほかの位格と共に三位一体に属しているという発言を除いては、ほかに何も見出せない。むしろ強調点はその行為に置かれている。行為の重要性はすでに父においても子においても重要な点であった。そこでもただ控え目にしか「存在」は主題化されていなかったからである。しかし存在より行為が重要であるということは、聖霊において最も明瞭になる。あるいはこうも言うことができるだろう。ここでこそ聖霊は本領を発揮している。神は被造物を見放さず、聖霊において被造物が自分本来のアイデンティティーを獲得できるように自由にする。

そしてこの被造物の自分本来のアイデンティティーこそ、キリストとの交わりなのである。すでに問答書の第1問で明らかにされたことは、自分がイエス・キリストに属しており、自分自身のものではないということを人間が認識できるなら、それが福音のもたらす自由の表現であるということであった。神は聖霊において、人間がこのことを信じ告白できるようにと心砕かれる。そしてその根拠こそイエス・キリストの歴史である。イエス・キリストは聖霊によって油注がれ、任命された。そしてこのイエス・キリストにおいて私たちは新しい人間なのである。霊はイエス・キリストの中に内住される。新しい人間としての私たちはイエス・キリストの兄弟姉妹であるが故に、霊もまた私たちの中に内住される。イエス・キリストと私たちは、「キリストと私たちの中に同時に内住される聖霊によって」結ばれている。それが問76[4]の意味である。

霊の働きはしたがって、イエス・キリストの十字架と復活において起こった解放の出来事に基づいており、その出来事から切り離して見ることはできない。この出来事からのいかなる分離も、ハイデルベルク信仰問答の見方からすれば、神の行動を、そして私たちの状況をも無視することを意味する。なぜなら、私たちの「本来の」本質、私たちの「参与的存在」、まさに私たちのアイデンティティーは、神学的に判断すれば、そこにこそ、つまりキリストと共に十字架につけられ、キリストと共に復活させられた出来事の中にこそ見出されるからである。それ故聖霊は私たちを、私たち自身のアイデンティティーへと導き、私たちが「本来」どのような者であるのかという認識に導く。そしてそれは二重の仕方で起こる。問答書は多くの表現でそのことを示している。

聖霊は信仰を創始する

問65　もし信仰だけがキリストと彼のすべての恵みの賜物に与らせるのであれば、そのような信仰はどこから来るのですか。
答　聖霊が私たちの心に聖なる福音の説教によって信仰を呼び起こし、聖なるサクラメントの執行を通して信仰を堅くしてくださるのです。

聖霊の第一の本質的な働きは、人間に信仰を贈り与えることである。信仰は第一に自分から生み出せる人間の決意なのではない。信仰は霊の働きの結果である。そのことは、信仰が人間のものではないということではない。第3章で信仰とは認識すること、同意すること、信頼することであると論じたが、キリスト者は明らかにそのように信じることに自分の責任を持っている。しかし信仰は、人間が自分の力でそう決断するから生じるのではない。聖霊が人間の心を開き、信頼を与えてくださるからこそ、信仰が生じるのである。問答書には、この聖霊による根本的な出来事を反映する多くの表現が存在する。神は聖霊によって私に永遠の命を保証する（問1）。聖霊が新生の創始者である（問8）。聖霊が神への信頼を与える（問21）。聖霊がキリストに与らせる（問79）。信仰は私たちによって形を持つべきであるが、それはあくまで聖霊の働きである。ちなみに問答書には、私たちの信じる行為が賜物の有効性にとって条件になると理解されるような場所はどこにもない。

聖霊が信仰を呼び起こすということは、信仰を告白する人もしない人も含め、私たちの交わりにも影響を及ぼす。神が信仰を与えてくださった人は誰なのかを、私たちは外見から見分けることができない。だからどんな場合でも、実際に信仰を告白していることを認めたからといって、そこから霊の働きを逆推論するのは不可能である。この点でたとえばジャン・カルヴァンは、問題を含んだ判断を下した。彼は、すべての人間が信じているわけではないということを認めることから、それ故神はただ若干の人々に信仰を賜ったのだと結論づけた。しかしカルヴァンが決して個々の人間を見て、誰が信じる者で誰が信じない者かを判断しようとしなかったことは幸いだった。彼にとって重要なことは原理原則だったからである。とはいえ、カルヴァンの結論は二つの面を混同している。一方で、ただ神だけが聖霊において信仰を与えるということまでは正しい。しかし他方で、カルヴァンのやり方は推量に基づくものである。彼はこの世の所与のものから神の行為を推し量っているからである。ハイデルベルク信仰問答は、いわゆる二重予定説を展開しなかった点で非常に賢明であった。二重予定説によれば、神はある者たちを選び、ほかの者たちを棄却する（明らかにカルヴァンは、しかしまたルターもそう主張している。ただし多くの者はこの点のルターの主張をあまり知らない）。聖霊が信仰を与える。私たちはそれ以上のことを言うことはできない。このことはまた、信仰はほかの人間に押しつけることも、無理に説得させることもできないものだということをも意味している。信仰について相手に立ち勝る議論によって、単純にほかの人間を打ち負かし納得させることはできない。もしほかの人の救いは自分の尽力に懸かっていると思い込んでいるとして、その時信仰は説得させうるものではないと聞けば、重荷が自分の肩から落ちるので少しは安心するだろう。しかし、説得が重要だという印象を与える伝道活動、またそれによって人間の活動と聖霊の行為とを混同するように見える伝道活動も数多く見られる。しかし伝道は説得力の行使ではなく、神が人間を、喜ばしい使信を宣べ伝え、それを説き明かし、証言するために派遣することを意味する。最終的には、イエス・キリストご自身が聖霊において自らを証言するのであり、その結果信仰が生起するのである。だから私たちの使命は、神の約束を指し示すことにある。

信仰は聖霊の働きであるが故に、私もまた単純に私の信仰が「現にあること」から出発することはできない。信仰の疑いを知っていたのはマルティン・ルターだけではない。疑いは信仰の本質と対立するものではなく、むしろまったく信仰の本質に属している。だから私は、自分の信仰が現にあることに依り頼むことはできない。私の信仰などしばしば「小さな信仰」にすぎない。いずれにしても十二弟子が嵐の湖に沈みそうな小舟の中で疑いに陥りかけた時、イエスが彼らに語ったのはそのことである［マタイ8・26］。信仰は霊の働きによるのであれば、霊こそが私の信仰の保証人であって、決して信仰それ自体ではない。だからまさしく今疑っている者は、その方の霊が信仰を呼び起こす当のその方にこそ視線を向け、福音を告知する当のその方ご自身に耳を傾ける必要がある。なぜなら、信仰は神へと至る私たちの通路であって、目的それ自体ではないからである。

賜物の付与者としての聖霊

聖霊は信仰を創始する。しかし問答書はさらに聖霊のその後のたえざる働きをも論じる。すでに先に詳しく述べた問53［一九九頁以下］から分かるように、聖霊は私たちをキリストの恵みの賜物にも与らせる。恵みの賜物が正確にどのようなものかは、はっきりと言い表されていない。しかし問答書の全体の論述において明らかなことは、ここではキリスト者の生活の刷新が主題化されているということである。私たちはキリストにおいてすでに新しい人間とされているのだが、それは信仰において私たちに与えられる。しかしキリスト教信仰の目標は、ただ単に外界からは見えない、人間の内面に触れるだけの神と人間との関係にあるのではない。問答書は、神と人間の関係がこの世の生活にも帰結をもたらすという点を重視している。そのため、問答書においては聖化の主題もかなり広い場所を占めている。それ故にこそ、十戒と主の祈りの解釈が重要なのである。新しい人間は古い人間の刷新へと至らざるをえない。ただし、古い人間は新しい人間になる可能性を持っているという前提から出発するほど、問答書は理想主義的ではない。むしろ逆にここでは運動が重要なのである。つまり新しい人間は古い人間の中へと輝き出るのである。

問70　キリストの血と霊によって洗われるということは何を意味しますか。

答　それは、十字架の犠牲において私たちのために流されたキリストの血潮のおかげで、神から罪の赦しを恵みによって受けることです。さらにそのことは、聖霊によって新たにされ、キリストの体の一部へと聖化され、その結果、私たちは、時と共に一層罪に死んで、神に喜ばれる人生を送るようになるということを意味します。

ここで聖霊の運動が主題化されている問70では、キリストの働きと聖霊の働きは互いに分離されえないことがもう一度明らかにされる。「キリストの血と霊によって洗われる」ことは、今も働く聖霊と十字架の出来事とを密接に結びつけている。それ故、二〇〇〇年前に十字架の出来事が起こり、今日その意味を現在の私たちへと聖霊が伝達するという順番は的確ではない。この見方は私たちの時間理解の尺度で考えすぎていると言えるだろう。復活したイエス・キリストは今を生きる私たちにとって現在的であり、それ故、罪の赦しも過去の出来事ではなく、現在の出来事である。イエス・キリストの十字架は時の中で起こったのだが、にもかかわらず「超時間的」である。イエス・キリストの霊は私たちに信仰を与え、また私たちの人生をも新たにしてくださる。

では、この聖霊による刷新はどのような様相を呈するのだろう。ここでも問答書は多くの答えを提供してくれる。聖霊は私たちに、上にあるものを求める力を与えてくださる（問49）。私たちの振舞いは日常生活においても、別にこの世で通用する尺度によって決められる必要はない。それによって、私たちの世界で自明の真理と認められているものすべてに対する根本的に批判的な態度が醸成される。あらゆる価値が、いわゆるキリスト教的な価値でさえもこの点から吟味されねばならず、どこまでそれらが愛すべき神の信実と憐れみと義を表現しているかどうかが繰り返し問われねばならない。

特に十戒の解釈では聖霊の恵みが非常に重要である。なぜだろう。十戒においては私たちの行為、私たちの服従が問題となっているのではないのだろうか。問答書にとっては、霊における神の行動の強調と私たちの行動は決して対立するものではない。つまり、神が行動しているのか、それとも私たちがそうしているのかといった二者択一は当てはまらない。ここで問答書が見ているのは、弱さの中にある人間というものは、行動するために繰り返し新たに聖霊の力を必要としているということである。そのため十戒は、ただ単に私たちの弱さと罪の認識を助けるためにあるのではなく、神に応答する新しい人間はいかに行動したらよいのか、私たちに指示を与えようとしているのである。そして聖霊は人間に、少なくとも神の戒めに少しでも対応して生きることのできる力を与えることによって、古い人間のただ中に新しい人間を造り出し、彼を聖化する。もちろん問答書も、人間はわずかばかりの萌芽さえ実現できないことを知っている。現にあるがままの世界、そして特に現に生きているままの人間は、神の意に沿うことはできない。

この点で宗教改革全体で主張された根本思想は、神の似姿性という考えである。人間は神の似姿となるように造られたのだが、罪によってその似姿性を失ってしまった。そして問答書によれば、この地上の人生では断片的にしか似姿性を回復できないが、永遠において人間は最後究極的に再び神の似姿となるであろうとされる。このような神の似姿性の読み方は、必ずしもすべて聖書的に支持されるわけではない。この似姿性の喪失について聖書は語っていないからである。新約聖書では、イエス・キリストが神のまことの似姿として描かれている。その似姿へとキリスト者は神の栄光のうちに変えられることになるだろう（Ⅱコリント3・18）。問答書も問115で次のように語る時、この第二の考えを受け入れている。すなわち、「私たちはたゆまず励み、私たちが、時と共に一層神の似姿へと新たにされるようになり、ついにはこの世の人生を終えて完成の目標に達するようにと、聖霊の恵みを神に祈り求めるのです」。特徴的なのは、ここでも「たゆまず励み」と「聖霊の恵みを神に祈り求める」が切れ目なく並存していることである。この点で問答書は、問題をはらんだ二者択一を企ててはいない。

この章を終えるにあたり、この後教会について考察する文脈の中で重要な役割を果たす最後に残された強調点に触れたい。問題が扱われている問55［二二九頁］にはこうある。「すべての信仰者は主キリストとの交わりを持ち、彼のすべての宝と賜物に与ります」と。まずここでも二つの事柄を見て取ることができる。キリストとの交わりを持つことが端的に信仰を示している。そして彼の宝と賜物への参与はそれ以上の事柄である。これを聞いて私たちは今、キリストの宝と賜物は超自然的な恵みの賜物であり、ただ罪の赦しにだけ関わっているかのように考えることを前提にするかもしれない。しかし問答書はまったくそう考えてはいない。私たちの自然の命は、それを用いる神の行動の中に含まれている。その場合、宝と賜物は私たちの人間仲間の「幸いと救い（Wohl und Heil）」（同じ問55の答）のために身を捧げることのできる賜物である。「幸いと救い」という言葉には、まさに先ほどの両方の面が包含されている。救いは、ほかの人間に教会への道、神との交わりへの道が開かれるために私たちの負っている責任に光を当てる。そして「幸い」は、この世の人間の困窮を認めた上で、賜物を他者のために捧げるかどうかを非常にはっきりと問う。問55では明白に聖霊が名指しされているわけではないが、文脈からして次のことは明瞭である。すなわち、まさに聖霊こそが人間を新たにする方として働きかけており、人間がその賜物を用いて生きる場合には、聖霊がその傍らにいて人間を助けるということである。

聖霊の働き——それは信じられるべきことである

この章の初めに、特異な信仰体験を聖霊に結びつける傾向が明らかに存在することを指摘した。ハイデルベルク信仰問答は特異な体験を否定することまではしないが、明らかにもっと広く、同時にもっと厳密に規定する。なぜなら、霊の働きは異様な出来事に限定されるものではなく、どんな人間の信仰、どんな人間の力をも、問答書は聖霊の働きに帰しており、それ故、神に帰している。それには、信仰における小さな歩み、すなわち神に応答する生活において歩むことができるということも含まれている。これに対して、ただ異様な事柄だけを霊と結びつける者は、観念の中ですでに分離を行っており、「通常の生活」を「自然の」ものと見なし、霊にはただ異様な、いわば「超自然の」事柄だけを帰している。このような分離は結局神の行動を制限することになり、場合によっては異様な体験を、単なる人間の誤った意見のせいにしてしまう。人間が何かを説明できるところでは神はもはや必要ない。その時神は、まだ説明できていないものを一時的に穴埋めするものになってしまう。確かにいつどこでも欲する時に聖霊の風は吹く。しかし、聖霊はイエス・キリストの中におられるが故に、信じる者の傍らにいるという約束が効力を持っているのである。問答書はまさにそのような聖霊の働きから出発している。

したがって聖霊は漂う気配のようなものではなく、イエス・キリストの霊であり、まさにこの点から理解されるべきである。まことの人間イエス・キリストは霊によって油注がれた。だから私たちも聖霊によって「共に油注がれた者」として言及される。たとえ私たちがそのことを見ることができず、経験として証言することができないとしても——それどころか、しばしば外見や経験に反しているとしても――、そのことはそう信じられるべきなのである。だから「通常の」プロテスタント教会にも由来する讃美歌は、確かに聖霊の特殊体験を示すものとして特徴づけることまではできないにしても、それでも、神が人間を見捨てず、聖霊によって人間の近くにいてくださることについての喜びの表現と見なすことはできる。そう見ることはおそらく、もう一度もっと豊かに聖霊について語る助けになるだろう。聖霊について豊かに語ることは、おそらくハイデルベルク信仰問答にとってそうであるように当然のことなのである。

第10章

教会を信じる

——賜物を授けられて生きること

見える教会と見えざる教会

アメリカの小説家フレデリック・ビュヒナーの次の引用文は、おそらく教会についての神学的考察の置かれている緊張状態を明らかにしてくれるだろう。

「見える教会は、神の名においてしばしば集まる人々すべてから成り立っている。自分でその中に入ってつぶさに見れば、誰がそのメンバーなのかすぐ分かる。

見えざる教会は、神がご自分の手足としてこの世で用いようと欲する人々すべてから成り立っている。誰がそこに属しているのかは、神ご自身のほか誰も知らない。

この二つの教会を二つの円として思い描いてみたらいい。楽観主義者は、二つは同心円だと言う。懐疑家は、二つは触れ合うことすら一度もないと言う。これに対して現実主義者は、二つの円はたまに重なり合うこともあると思っている」(1)。

ビュヒナーは、見える教会と見えざる教会との対立をもって始めている。引用文は見える教会のアクセントを礼拝の上に置いているが、いずれにしても見える教会は教会の経験的に知覚できる面を表している。それと並んで存在するのが、教会のもう一つの見方、「見えざる教会」である。この二つの表現によって一つの緊張関係が言い表されている。教会の歴史の中でたびたびこの緊張関係は、現状に対する挑戦となって多くの益を生み出すこともあったし、時には二つの円を同一視して多くの問題をもたらすこともあった。

「教会」とは一方ではすべての人によって見分けられる形をもったものである。それはドイツでは、二つの大きな宗派(ローマ・カトリックとプロテスタント)によって代表される。ほとんどの地域にも、一つないし複数の教会の建物が立っている。多くの面でその地方を代表し、その働きは地域形成と結びついている。ドイツでは人口の約六三%が教会に属している(二〇〇八年の統計)。したがって明らかに多数派である。国民の大部分が洗礼を授けられ、教会で結婚式をし、教会によって葬儀をし、教会的なサーヴィスを利用している。たいていの教会では日曜日に礼拝が持たれ、平均してほぼ一〇〇万人の人々が礼拝に参加している。ほとんどの学校でも宗教の授業がなされている。教会による社会福祉であるディアコニアやカリタスは、ドイツ最大の雇用主に属している。こうした列挙は難なく続けられるだろうし、列挙されたものは組織化された制度としての教会を代表している。

しかしそれと並んで、見えざる教会への視点も存在する。そこでは、神によって用いられる人々が活動している。しかし彼らは、それ自体としては直接見分けることができない。ビュヒナーが言うように、誰がそれに属しているかは神のみぞ知る。この見えざる教会について、人はおそらく、これこそイエス・キリストの体であると言うことができるだろう。イエス・キリストもまた復活者としては、この世で見ることはできないのである。

「見えざる教会」が主題化されるや否や、見える教会に対する問いが持ち上がってきた。見える教会は「ただ」経験的な形を持った存在でしかないのだろうか、それとも「霊的な」質も持ち合わせているのだろうか。特に大規模な制度的形態を持った見える教会を非常に批判的に見る試みが、一九世紀から二〇世紀にかけて多く登場した。教会法学者ルドルフ・ゾームはこう表現した。「今日の教会法の意味で法的に作られた見える教会は、そのままではキリストの教会ではなく、この世の一部であり、……この世的な性質を持った団体である(2)」。そのような見方が生じるのはプロテスタントの陣営だけである。ローマ・カトリックの見方からすると、教会という制度は結局のところ神的なものだからである。確かにプロテスタント教会は、宗教改革者たちが中世の教会の既存の組織を神学的に批判したからこそ成立したものである。それなら、プロテスタント的、神学的には、ただ見えざる教会を重視すべきだということになるのだろうか。

「なぜなら、ありがたいことに、（すでに）七歳になった子どもでも、何が教会であるのかを知っている。すなわち、聖なる信仰者、自分の羊飼いの声を聴く小羊たちがそれである」[3]。そのように簡潔にマルティン・ルターはシュマルカルデン条項の中で言っている。ではどこで小羊たちは彼らの羊飼いの声を聴くのだろう。礼拝の中でである。マルティン・ルターにとって礼拝は教会の中心である。そしてアウグスブルク信仰告白は、福音を純粋に教え、サクラメントを正しく執行することが教会の決定的なしるしであることを強調する。ここでも礼拝が中心である。なぜなら、説教がなされ、洗礼と聖餐が行われるのは礼拝においてだからである。しばしばこの礼拝への集中は次のような結果をもたらした。すなわち、キリスト教会はただ日曜日の礼拝の時間、一〇時から一一時の間だけ存在するということになってしまった。なるほど教会は、教会員という形式においては常に存在してはいたが、週日は事実上牧師たちの存在という形においてだけ存在したのである。

ドイツのプロテスタント教会の多くが問題のある二つの特性を示している。確かにこの二つだけが重大問題というわけではないにしても、やはり教会はその著しい影響を受けている。一つは、多くのプロテスタント教会がナチスの時代に、国家による教会の統合に対して批判的な言葉を語ることができなかったし、またその備えもなかったということである。アドルフ・ヒトラーは総統原理を教会の中にも持ち込もうとしたのだが、多くのプロテスタント教会は、礼拝が制限されずに守ることができれば、何の問題もないと見た。もう一つは、私たちが今まさに直面している問題である。多くのプロテスタント教会は（ルター派も改革派も）、実際に牧師の活動が主軸であることによって存続している。この点は、総じてプロテスタント教会が、叙階された司祭職を撤廃したことと明らかに矛盾している。確かにプロテスタントの立場では、牧師は教会法的には何ら固有の身分を保持してはいないが、事実上は原則的に特別の役割を担っている。このことは二つの面を持っている。一方で、彼らは多くの場合、事実上各個の教会によって牧師職を解かれることはなく、霊的な会議である長老会で議長職を務めることを拒んではならない。他方で、彼らはまた多くの点で、非常にたくさんの管理運営や組織的活動を引き受けねばならない。そのための専門教育を受けてこなかったとしても、彼らはそれをしなければならない。そのことによって至るところで、もはや礼拝が中心に位置づけられなくなっている。礼拝は多くの催しの中の一つになってしまった。数の上だけから言えば、礼拝は教会員の特定のごく一部、しかもしばしば高齢者だけが訪れる小規模なものになってしまっている。

一見非常に素朴な教会についてのルターの定義を受け入れることは、もはやそうたやすいことではないと言ってよいだろう。見える教会はいずれにしても、しばしばルターの言う教会の本質に対応してはいないように見えるからである。

私は教会を信じる

ハイデルベルク信仰問答は、教会の理解をただ二つの簡潔な問答をもって論じている。両方ともそれぞれ使徒信条の一句を解釈している。使徒信条はこう表現している。「我は聖霊を信ず。聖なる公同の教会を……」と。このことは、信じる内容をいくつもかぶせて多重的に考えているとはいえ、「私は〔聖霊を絶対的に信じるのと同じように〕聖なる公同の教会を信じる」ということが言われているのではない〔訳者注・聖霊を絶対的に信じる場合には信じる対象の前に強調の前置詞があるが、教会を信じる場合には信じる対象の前に前置詞はない〕。ローマ・カトリック教会はこの点では少し違うように強調するかもしれない。プロテスタント教会の理解によれば、人は〔神を信じるのと同じ意味で〕教会を信じることはできない。教会を神と混同することは許されないからである。しかし同時にまたそのことは、私たちが教会をただの人間の集団と「見なす」ことができるということでもない。それ故、教会は信仰の対象である。この点ですでに最初に述べた二つの面、すなわち見えざる教会と見える教会が、今や重なり合ってくる。使徒信条もハイデルベルク信仰問答も、両方を切り離して見ない。「教会を信じる」ということは、見える教会が単なる組織団体ではなく、またただの人間的な制度でもなく、事実として神が働いておられる場所だということを意味している。この信仰は、私が教会の中でもしくは教会として肌で感じるすべてのものが神的なものだということを意味しない。それは各個教会のまったくの過大評価であり、神を我が物にすることを意味するだろう。教会を信じるとは、「私がそこで信仰生活を送っている各個教会もまたイエス・キリストの体である」ということを意味している。原則としてこの発言はまさに外見に抗して語られなければならないだろう。私たちの教会共同体は、文句なくうまく行っている理想像として描かれることなどまれだからである。要するに「私が信じるのは、私がそこに属している各個教会は、現にあるがままの欠けのある状態にもかかわらず、イエス・キリストの体である」ということなのである。

問54　あなたは「聖なる公同の教会」について何を信じますか。
答　私は、神の御子が、全人類の中から彼の霊と言葉によって永遠の生命へと選んでくださった教会を、まことの信仰の一致において、世の初めから終わりに至るまで、集め、守り、保持しておられること、そして私もこの教会の生きた一員であり、永遠にそうあり続けるであろうことを信じています。

ハイデルベルク信仰問答は、教会を信じることができるその理由を、イエス・キリストが教会を集め、守り、保持してくださることを指し示すことによって述べている。それ故、ハイデルベルク信仰問答にとって教会についての考察は、私たちの教会の現状を見ることをもって始まるのではない。あるいはまた、何をしたら人の心を動かして教会につなげられるだろうかと反省することから始まるのでもない。それは約束の言葉の表明をもって始まる。すなわち、イエス・キリストが人間を集め、守り、保持することを約束してくださったので、教会は存在するのである。

選ばれた教会

選びの概念はさまざまな議論を呼んできた。改革派の伝統的理解に基づく場合でも、選びの概念が前もっての決定と同一視されうるからである。イエス・キリストが彼の教会を選ばれるという表明には、ひょっとして、この人は永遠の救いへと前もって決定されているかどうかという切実な問いが背後に隠れているかもしれない。しかし前面に立っているのは、すでに用途の決まっている一つの使命への選びである。イエス・キリストが教会のために任務を持っておられ、神が教会を用いようとされるので、教会は存在する。したがって選びは機能的に理解されるべきである。神が教会をもって何かを意図し、神が教会を通してその栄光を知らせようとするので、この世に教会が存在する。教会は自分自身のためにそこに存在するのではなく、ただ神が教会を用いようとされるが故に存在する。ちなみに選びについてのこの理解は、イスラエルの選びについての聖書の証言全体に合致している。神はすべての民に対してご自身の契約を証言するために、彼の民を選ばれた。エジプトからの脱出の際にイスラエルが選ばれたことについて、マルティン・ブーバーは適切にもこう記した。イスラエルの選びは、それが神の定めとして理解される場合にだけ、正しく理解されると。イスラエルは「抑圧する者［ファラオ］への奉仕から解放する者［ヤハウェ］への奉仕へと踏み出すべきなのである(4)」。

この点でハイデルベルク信仰問答はこの選びの理解を受け継ぐ。教会はイエス・キリストによって選ばれている。なぜなら、イエス・キリストが教会を用いようとされているからである。それ故、決定的な問いはこの文脈においてこうなる。「何のために教会はそこに存在するのだろうか」。問答書の特徴全体を把握した上で答えるなら、こう言うことができるだろう。それは人間をキリストとの交わりにおいて生きることを可能にし、強固にするためであると。

ところで、宣教学の分野で二〇世紀の神学はこの点に関して明らかな進展を示している。これまでは教会を伝道の主体として考えてきた。それによれば、教会が自分を派遣するのである（ミッションとはまさに「派遣」のことである）。しかしその代わりに――ディートリッヒ・ボンヘッファーやカール・バルトの考え方が萌芽となって――教会自身が神の伝道の一部であると理解したのである。

集められた共同体

元ゲッティンゲン大学神学部教授オットー・ヴェーバーは、一九四九年に、今でも読む価値のある小さな本を著した。それは「集められた共同体」というタイトルで、ハイデルベルク信仰問答のテキストと直接関わりを持っている。新約聖書では教会に当たるのはエクレシアという言葉である。この言葉は旧約聖書の神の共同体カーハールと結びつく。カーハールもエクレシアも第一には単純に「集会」を意味しており、ちなみにもともとの意味には何ら宗教的な関連性はない。共同体は「ある具体的な場所で、具体的な時間に」集まる。すでに新約聖書の中には、いろいろな地方に誕生した多くの集会について語られていることに気づかされる。しかし新約聖書は差し当たり、こうしたさまざまな集会が共存していても、それらを無理に法的に統一化する必要があるとは見なかった。（それらは明らかに互いに緊密なコンタクトを持っていたものの、）教会はそれらをただ一つのイエス・キリストの教会として理解するまでには至らず、法的統一化を図らなかった。ではなぜ教会は集まる、あるいは集められるのだろうか。簡潔に言えば、礼拝を捧げるためであり、御言葉とサクラメントのまわりに集まるためである。この点ではこれまで述べてきたルター派と改革派の神学は一致している。集められた共同体は礼拝を中心として生きる。しかしこの神学的な表明は、今日多くの教会では、実際に経験される現実と合致していない。というのも、いたるところで礼拝は、たいてい比較的高齢の少数の聴衆と共になされる、暇な時間を埋める催し物になってしまっているからである。通常そこからはあまり多くを望めない。プロテスタント教会は御言葉の教会であり、それ故、説教からその形態を獲得する。しかしこの神学的な確信の表明は、少なくとも多くの牧師たちにとって、また多くの教会員にとっても、明らかに予想外れのものになっている。この不一致にはさまざまな戦術によって対処することができる。一つの対処法は、この期待を縮小し、状況と妥協することにある。つまり教会生活の主要なエネルギーをほかのところに向けるのである。これとは逆にもう一つの対処法は、総じて説教と礼拝とにこれまで以上に注目し――教会員に与えられているそれぞれの賜物を共に用いる場合にも、できる限り説教と礼拝に集中するように努め――、礼拝を教会形成の課題として真剣に受け止めることにある。それは多くの面で、牧師たちの他の部署の荷重を軽くすることがないと、なかなかうまく行かないことは明白である。良い説教は準備のために時間を要する。クリスティアン・メラーは説教についてのこの事情を次のように記述している。それは、説教者に関して言えば少し一面的だが、それでも事柄においてはおそらく的確だろう。

「書き記されていなくても、しばしば説教の冒頭で、そもそも説教がなお語られることについての言い訳がなされる。ひょっとしてこの勇気のなさが本来の問題なのではないだろうか。一〇分か一五分の説教で、とにかく難関をしのげばもう危険にさらされることはないと思っている。このようにして説教をめぐって悪循環が生じる。この悪循環の環はますます狭くなっている。もし神学生が、あなたの説教はほとんど期待されてはいないし、おまけにたいした効果もないだろうと吹き込まれていれば、牧師補になってすでに羽も萎えた鳥のように説教壇に上がり、いよいよもって無気力な説教をしてしまう。がっかりした教会員は、それによってますます足が遠のく。それがまた若い神学徒に、自分の説教が一見してもはや無用になったことを確信させるのである」(6)。

その時々の人々の寄せるどのような期待も、すべてを変えることにはならないだろう。しかし、いずれにしても神学的に根拠づけられる期待とは、次のような期待である。すなわち、説教とそのまま同一ではないが、常に説教を聞くように指示するイエス・キリストの生きた声こそ、集められた共同体の根拠だということである。

守られ、保持される教会

ハイデルベルク信仰問答は、教会は守られねばならないことを念頭に置いている。外からの攻撃から、あるいは場合によって内からの攻撃から守られねばならない。どちらのケースが多いかについてはあからさまに語られてはいない。どちらにしても教会を脅かすのは危機である。まず危機は外から教会を脅かす。二〇世紀、そして二一世紀に入っても、キリスト者に対する暴力は予期しなかった規模で認められ、それでキリスト教は最も迫害される宗教だと人々が言うのももっともなほどである［著者は統計に基づき、北アフリカの国々、中国、インドネシアなどを念頭に置いている］。しかしまた内からの危機も繰り返し教会を脅かす。この内的危機はしばしば実にさまざまな仕方で現れることが見て取れる。ある人は世俗化がそれだと見ている。この現象は多くの場合、教会が内向きになるという結果を伴う。これ以上の教会の脅かしはない。ほかの人は、伝道が害にも薬にもならない無害化に陥る可能性を危惧している。問答書が正当な聖書的根拠に基づいて、教会を守り保持するのはイエス・キリストであるという確信から出発する場合、それは、こうした危機に対する戦いに自分自身も参与することを辞さない信仰を表明している。この確信はまたしても、問答書が神的な行為と人間的な行為を二者択一として理解していると見なされることもあった。しかし、改革派教会の根本命題は何世紀もの間「絶エズ改革サレルベキ教会（ecclesia semper reformanda）」とされてきた。教会は常に新たに改革されるべきである。宗教改革はそれ故、閉じられた出来事ではない。だから改革のプロセスはプロテスタント教会の純然たる関心事に属しており、霊的な責任性の表現である。もしイエス・キリストがその教会を守り保持し、御言葉によって建て上げるのであれば、改革についてよく考えること自体は何の問題もない。とはいえ、その考察は目標を見据えてよく検討されるべきである。もちろん人間の改革が教会という船を救うことにはならないだろう。ここでこそ教会はただイエス・キリストを仰ぎ望むのである。

私はそこに属している

問54は印象深い結語を持っている。「私もこの教会の生きた一員であり、永遠にそうあり続けるであろうことを信じています」と。イエス・キリストの体としての教会は、イエス・キリストによって、彼の聖霊を通して選ばれ、集められ、守られ、保持されている。そして私もまたそこに属しているのである。この文章はさまざまな音色を帯びているとも言いうる。その音色の響きは場合によって、私たちを驚かすものである。私は神に何の能力も示しえない人間であるのに、イエス・キリストの体に属することが許されるということ、それは何ら自明な事柄ではない。それなのに私は事実そこに属することを許されているのである。しかしまたこの文章は、私たちの考え方に抗うような仕方で響くこともありうる。私たちの考え方とは、イエス・キリストの体に属するかどうかを、私たちの抱くすぐれた見識や立派な態度によって決めようとする解釈である。だから無条件に私がそこに属しているということは、信仰の告白なのである。両方の場合に明らかなことは、個々のキリスト者は自分を孤立して理解することはできず、それ故、個人主義的な神関係は少なくともハイデルベルク信仰問答の見方からすると、短絡的なものと見なされるということである。

そして最後に「生きた」一員ということが示唆されている。生き生きとしていないキリスト者がいるということは、問答書の見方からは考えられない。生き生きとしていることは、どの程度教会内の活動に活発に参加しているかという特定の尺度から読み取ることはできず、あくまでそれは人間の新しい創造に基礎づけられており、あらゆる人間のリアクションに先立っている。しかしまた当然ここでも問答書の基本的洞察、すなわち、生き生きとしていることの約束（Zuspruch）には新しい生を生きよという要求（Anspruch）が伴っているということが当てはまる。

問55　「聖徒の交わり」ということで、あなたは何を理解しますか。
答　第一に、信じる者は皆、主の体の一部として主キリストと交わりを持ち、彼のすべての宝と賜物とに与るということ、第二に、それ故、誰でも自分の賜物を自発的に喜んで、ほかの人の幸いと救いのために用いるべきであるということです。

まさしくこの「聖徒の交わり」というテーマに問55は全力を傾注する。「私は聖徒の交わりを信じます」という告白文の解釈は、アクセントを見える教会での教会生活に置いている。聖徒とはキリスト者の同義語であるが、この聖徒についてまず言われなければならないことは、彼らがイエス・キリストとの交わりを持っているということである。そのことが教会であることの決定的な点である。そしてそれはただちに具体的に表現される。すなわち、それはキリストのすべての宝と賜物とに与ることであると。どういうことだろうか。出発点は、キリスト者とはイエス・キリストにおいて実存しているが故にこそ、新しい人間として特徴づけられるのだということである。キリスト者はもはや罪人ではなく、義とされている。そして彼らはイエス・キリストにおいて実存するが故に、イエス・キリストを特徴づけることのすべて、まさしく彼の宝と賜物に与るのである。ではこれらの宝や賜物はどこにあるのだろう。そのことをよく考えねばならないだろう。二つ目の文章から明らかになることは、キリストの宝と賜物と、それぞれの人間が前もって持っている賜物との間に、問答書自身密接な結びつきを見ており、賜物をただ内的（おそらく端的に霊的と呼ぶべき）宝にだけ縮小していないということである。つまり「生まれながらの」賜物と能力、そしてそれぞれの人間にさまざまな仕方で与えられている資質が霊的なものとして理解されるのである。

それによって差し当たり人間についての興味深い見方が提示されている。罪人としての人間というように、しばしば欠陥にばかり目が向けられる価値評価の低い人間理解とは違い、問答書はここで積極的な人間理解を打ち出している。どんな人間もキリストにおいて、そしてキリストによって、賜物を与えられた人間として理解すべきなのである。問題は、そもそも人間は賜物を与えられているかどうかではない。むしろ問うべきであるのは、付与された賜物はどこにあるのかということなのである。

どこに人間の賜物があるかについては、第一印象では必ずしも明確ではない。ある人々にはなく、また彼にも彼女にもないように見える。しかし人間が自分の賜物と仲間の賜物とを知らないということは、彼らが賜物を持っていないからではなく、それをまだ自覚したことがないからである。ちなみにこの点では何の例外もない。だから教会を育てるという視点から見ると、表向き最も弱い教会員こそ非常に重要だということになる。

教会生活での賜物の方向づけ

プロテスタント教会で牧師職と並ぶ教会の諸活動について語られる場合、たいていマルティン・ルターにまで遡る「全信徒祭司制」ないし「全受洗者祭司制」の概念が受け継がれている。特に「大教理問答」や「ドイツ国民のキリスト者貴族に宛てて」において、ルターはペトロの手紙一〔2・9〕に由来するこの表現をもって、以下のことを明確にした。すなわち、〔キリスト以外に〕神と人間との間に立つ祭司などいないこと、むしろこの点では、キリスト者は誰であれ、御言葉とサクラメントの奉仕のための、同等にして何ものにも制約されない全権を持っていること、誰でも罪の赦しの務めを担っているということである。この概念の弱点は、ルターが祭司制を依然として尺度として掲げたことにあり、ある観点からすれば反ヒエラルキー（階層）的に理解してはいても、自ら祭司制に代わるものを作り上げる展望を持っていなかった点にある。改革派の伝統がこの祭司制という概念に遡らなかったことには十分な理由がある。改革派の伝統は、キリストがそれぞれの教会に賜物として与えた多面的な賜物について語った。この「カリスマ（賜物）」（ギリシア語で、パウロによって用いられた言葉）という点から方向づけることで、教会に必要な使命と活動の多様性に対して初めから注意が向けられている。注目すべきことは、ハイデルベルク信仰問答では職務が特に命名されていない点である。牧師も執事も長老の職名も挙げられていない。この点は、ジャン・カルヴァンとは少し異なっている。ただし、問答書に伴って同じ一五六三年に発布されたプファルツ教会規程では、それぞれの務めの具体的な課題まで詳しく述べられている。問答書はそこまではしていない。具体的な教会形成の課題は、さまざまな教会で異なることがありうるからである。

他者の幸いと救いのために賜物を進んで捧げること

ここで問答書にとって重要なことは、賜物それ自体がどれだけ有意味かということではなく、それが他者の幸いと救いのために進んで捧げられるかどうかということにある。意図的に幸い（Wohl）と救い（Heil）の両方が挙げられている。神関係と同様に人間どうしの関係も、人間存在にとって本質を構成するものであり、両方とも不可欠だからである。一つの教会の中でその関心事において、礼拝的な活動と福祉的な活動が両立している場合にだけ、教会は健全である。ただ賜物があるということだけが重要なのではない。そのことはすでにパウロにおいて明瞭になっている。パウロはコリントの信徒への手紙一［14・12］で、賜物は教会を建てるため、教会を益するためにあることが決定的だと強調している。それどころか、賜物が自分の益のために用いられるなら、甚大な害を与えるものにもなりかねない。その場合には、個人的な賜物が教会の成長を妨げてしまうことも起こりうる。それ故、賜物を使命として見る場合でも、まさにそれを「自発的に喜んで」捧げられるものとして見ることが決定的に重要なのである。

ところで、用いられる賜物についてのこの「理想的な記述」は、プロテスタント教会の現状には多くの面で対応していないということにも眼を留めるべきである。そこで問われるべきことは、現在ドイツにおいて教会法的に規定された牧師職は、多くの点で教会員が賜物の多様性を発揮することを邪魔しているのではないかということである。一部には時折牧師たちが自分でそうしたいからという場合もあるが、しかしもっと多くの理由は、「牧師に対して」万事に責任を負うオールラウンドのマネージャー（運営管理者）を求める教会の体勢やそれを期待する空気があるからである。彼らはしばしば礼拝、教え、それ故授業や牧会のためにはただ限られた時間と力しかさけない。教会の中で一緒に働いてくれる人が自主的にいろいろな分野で課題を引き受けてくれるというのに、多くの場合、牧師たちの方がそのことに慣れていないということもある。それと並んで、多くのドイツの長老会（もしくはほかの教派で呼ばれているように教会参事会）では、次のような傾向がますます増えている。すなわち、仕事の生活が忙しくなり、かつて長老たちがこれまでしていたのと同じようには責任を取れなくなり、そのためしばしば治会の務めを引き受けることがむずかしくなっている人が増えているのである。一見するとこうした困難さは、牧師中心的な体勢のもたらす形式的な困難さに見えるが、それだけでなく内容面でも多くの教会では、いざキリスト教信仰が問われた時に正しく助言できる人の数も減っているのである。

ハイデルベルク信仰問答を真剣に受け止める場合、教会がその宝と賜物を互いに活かして生きることを教えるためには、三つの根本的な態度が必要になる。第一に、自分に与えられている賜物を考慮し、その用い方についての展望を持った人が教会にいることが重要である。そのような人は、どの賜物が教会の営みにとって「自発的に喜んで」用いられうるのかを自らに問う。そのためには教会員が互いに知り合っていることが必要である。そして第二は、根本原則である出発点に立ち戻ることである。ただ集められた共同体として、それ故「御言葉のもと」にある教会として、教会はただ、教会にとって必要な行動指針を意味するイエス・キリストの生ける言葉に耳傾けることから出発することができるだけである。そして最後に、御言葉を聴く教会に欠かせないのが、基礎となる教育であり、自分がキリスト者であるための土台について言葉で説明できるようにする教育である。多くの教会では、若い人たちが教会とのコンタクトをより集中的に持てるようにと、堅信礼の授業はますます短くなる傾向にある。それは、堅信礼志願者の年齢や関心事、そして限られた時間の故に、内容的な興味を削ぐ結果となっている。そして残念ながら継続教育を提供する機会は、ただ教会のわずかな空き時間を利用しているにすぎない場合がしばしばなのである。

信じられる教会共同体

この章の最初の引用において示された見えざる教会と見える教会との緊張は、分離させてはならない教会の二つの面を指し示している。そのためハイデルベルク信仰問答は、賢明にもこの二者択一にはまったく関わらない道を取った。問答書にとって常にこの世を生きる、そしてこの世にあって形成されるべき見える教会が重要である。その結果、バルメン神学宣言が第三提題で述べているように、教会は「その服従と同様に信仰をもって、その秩序と同様に使信をもって、罪のこの世のただ中で、恵みを受けた罪人の教会として」イエス・キリストを証言することになる。とはいえ、この見える教会はイエス・キリストの体として理解されるので、外側から見分けることはできない。それ故見える教会としての教会は、信仰の対象であり続ける。

第11章
洗礼と聖餐
――確証を与えられて生きること

信仰は確証を必要とする

「信仰は――朝ごとに新しい！――一つの歴史である。だから信仰を『信心深さ』と取り違えることはできない(1)」。信仰は一度得ればもう失わないような状態ではない。それどころか、厳密に見れば人間は信仰を「所有する」ことはない。なぜなら、私たちが自由に操《あやつ》ることのできない仕方で、もし神が私たちに信仰を贈り物として与えてくださっているとすれば、私たちが信仰を「持つ」ことはないからである。したがって「私は信じます」という文を、私たちはいつもただ「信じます、主よ、信仰のない私をお助けください」［マルコ9・24］という願いをもってのみ、口にすることができるのである。すでに一度第3章［八〇頁以下］で引用した冒頭のカール・バルトの言葉は、信仰が決して人間の習性となった一部ではないということを見事に言い表している。むしろどんな人間にとっても、その信仰は高さと低さの入り交じったものであり、確かに成長することができるが、同様に減少することもありうるというような具合である。疑いは信仰に付随した部分である。とはいえ、私たちが信仰の有効性を証明できるものを手に入れられるなら、どんなにありがたいことだろう。

この点でローマ・カトリック教会は、プロテスタントの多くのキリスト者にとって実に魅力的である。カトリックは形に表れているほとんどすべての領域で、外面的な形式を非常に重んじている。教皇職のように公然と中央集権的に演出されたものであれ、極彩色の儀式ばったミサであれ、形式が重んじられる。これに比べるとプロテスタントの、とりわけ改革派の礼拝は明らかに見劣りがする。またローマ・カトリックの信仰生活では、見えるサクラメントがプロテスタントにおけるよりも、明らかに大きな役割を果たしている。七つのサクラメントという多い数もこの点を特徴づけている。プロテスタント教会ではただ二つしかない。それでヨハン・ヴォルフガング・フォン・ゲーテは、プロテスタントの立場には何かが足りないと感じたのである。「もしプロテスタントの礼拝が全体として物足らないとすれば、その一つひとつのものをよく検討してみればよい。そうすれば、プロテスタントにはあまりにもサクラメントが少ないことが分かるだろう。プロテスタントで機能しているものはただ一つ、聖餐式しかない。洗礼の場合はほかの人に施されるのを見るにすぎないからである。それを見たからといって、別段彼の身に何かが起こるわけでもない(2)」。少なくともゲーテにとって、プロテスタントのキリスト教には信仰を鼓舞しうる見えるしるしと行為が欠けているように思えたのである。

サクラメントの歴史は不明瞭

ハイデルベルク信仰問答は、サクラメントとは信仰の確証のためにあるという点を強調する。しかしサクラメントの歴史においては、しばしばこのサクラメントが信仰を揺るがすまったく逆の結果をもたらしてきた。サクラメントが意見の対立に手を貸してきたからである。すでに古代教会において、洗礼が万が一誤りを犯した司祭によって執行された場合、それでもなおその洗礼は有効かどうかが問われた。今日まで教会で公認されてきた答えは、「にもかかわらず有効である」というものである。またいくつのサクラメントが存在するのかという問いも論争されてきた。今日ローマ・カトリック教会では七つ、プロテスタント教会では二つであるが、中世の教会では三〇を数えるほども存在した。ルターは告解（改悛）を加えるべきかどうか迷っていたし、カルヴァンは牧師・長老の任命に際しての按手を加えるべきかどうか思案した。宗教改革の時代に、どちらが正しい聖餐理解なのかをめぐってマルティン・ルターとウルリッヒ・ツヴィングリが一致できなかったことは有名である。そのため、なぜたくさんのプロテスタント教会が今日もなお存在するのかが問われる。同じ宗教改革時代、チューリッヒの改革陣営において、幼児洗礼が適切かどうかをめぐって議論が始まった。いわゆる再洗礼派は幼児洗礼を激しく論難した（バプテスト派とほかの自由教会はそれぞれ幼児洗礼を行わないが、部分的に同じ考えに立っている)。そして今日ローマ・カトリック教会とプロテスタント教会との間で、洗礼は確かに相互に容認されてはいるものの、残念ながら共同の聖餐の祝いはまだできていない。多くの(特に改革派の)地域では、率直に言って「聖餐へのしり込み」というものが存在する。そこでは、人は、自分は聖餐を受けるにふさわしくないのではないかという心配を抱いているからである。それでも聖餐を受けに前に出て行く場合、彼らは自分自身のふさわしさを強調していることになり、そのようにして高慢に見られることにもなりかねない。

こうした多くの議論が示唆していることは、教会のサクラメントにはいつの時代でも重要な役割が認められていたということである。些細な事柄についてなら、人はたぶん同じほど激しく論争することはなかっただろう。サクラメントの教派的に異なった意味についての議論は、今日ではもうほとんど神学者たちの間でだけ交わされるものになっている。しかしそこから帰結されることは、洗礼と聖餐が意味していることは何か、なぜそれは信仰生活にとって助けになりうるのかという問いはすべての教会員にとってもうすでに自明なものになっているということではない。ハイデルベルク信仰問答はサクラメントに関して(宗教改革時代のルター派と改革派の間の激しい議論のせいでもあるが)、非常に詳しく論じており、ほかの章句において以上により多く当時の精神を呼吸している。しかしその基本的理解は、二一世紀の人間にとってもなお十分助けになりうるものである。

サクラメントは福音の理解を助ける

何のためにサクラメントはあるのか。よく考えた末、結局問答書はそのように率直に問い、そしてこう答える。サクラメントは「その執行によって、福音の約束をより分かりやすくする」ことになると。新しいドイツ語版ではそうなっている。より古いドイツ語テキストはここではもっと明瞭である。その執行によってサクラメントは「福音の約束をそれだけより一層体得させる」ことになる。「体得させる」から「分かりやすくする」へのテキストの変化は、不必要に意味を和らげている。なぜなら、問答書が実際に目指しているのは、私たちがサクラメントの執行において福音をよりよく体得することだからである。もし福音が、注がれる水、食されるパン、飲み干されるぶどう酒といった感覚的な事物を通して「体得する」ようにさせるなら、これは、頭だけが関わる単なる認知行為以上のものである。私たちは福音の約束を多くの感覚をもって体得する。このサクラメントの存在理由を、すでにジャン・カルヴァンは非常に強く主張していた。彼と共に私たちは「神の教育」について語ることができるだろう。神は一人の良き教師のように、理性だけではなく、もっと多くの感覚に訴える。福音がより深く私たちの内に入り込み、私たちが福音を単に外面的にではなく、いわば内面的に受容するためである。もちろん能動的に「手でつかむ」ことによってであるが。ここでは間接的に第1問の問いと答えも取り入れられている。なぜならサクラメントを受領する際に人間が「心から」、それ故心の内奥から喜んでイエス・キリストに従う者として生きようと欲するからである。ところでここで「水」、「パンとぶどう酒」といった用いられる素材それ自体が重要なのではないことが明らかになる。問答書にとって決定的なことは、体得することが「その執行において」初めて起こるということである。少し先鋭化して現代風に言えば、ここではいわば「体験学習」のようなものについて語ることもできるだろう。体得することはここでは理論的なものではなく、本来実際に行うことによって初めて得られるものである。したがって、ここで行われていることは、サクラメントの「全体像」を一つの文章によって説明するという試みなのだが、これもまたあくまで招きつつの求めとして理解されるべきである。「行って、自分で体験しなさい！」。

福音を体験し体得すること

問66　サクラメントとは何ですか。

答　それは見える聖なるしるしであり、封印です。神は私たちに、その執行を通して福音の約束をより分かりやすくし、確かなものにするために制定されました。神は私たちに、十字架で成し遂げられたキリストの一度限りの犠牲に基づいて、罪の赦しと永遠の命を恵みによって贈り与えるためです。

ただしハイデルベルク信仰問答においては、サクラメントそれ自体を理解することが問題なのではない。サクラメントがしるし、封印として理解される場合にのみ、つまり、それが何かを指し示すという指示の性格において真剣に受け取られる場合にのみ、サクラメントは正しく行われる。この主張によって私たちはすでに、サクラメントをめぐる論争の最初の局面に触れている。サクラメントは指示以上のものでも以下のものでもない。サクラメントは、それが指し示しているものと取り違えられてはならない。ハイデルベルク信仰問答はそのように主張することによって、教会の中にある別のサクラメント理解から自らを区別している。ローマ・カトリック教会の教えによれば、教会でサクラメントが執行されるところでは、常に神ご自身が行動しておられる。ちなみに婚姻の秘蹟は、神の前で誓い合うことで結婚相手が相互に授け合うものと考えられているが、この場合でも、神ご自身がこのサクラメントを通して働くことが結果としてもたらされるのである。だから結婚はローマ・カトリックの理解に従えば、人間の離婚によって終わらせることはできない。問答書はこうした理解を共有しない。人間によって遂行されるサクラメントは、人間の行動であり、神が行動することを自動的にもたらすものではない。しかし、問答書は同時に、サクラメントを単に「しるし」として理解することでも満足しない。それではあまりに過小評価することになるだろう。結論から言うと、サクラメントは約束の下に立っている。それは（問65の答にあるように）聖霊がサクラメントを通して信仰を「確かにする」という約束である。したがって問答書は、なるほどサクラメントの効力を保証することまではできないが、にもかかわらず神がサクラメントを通して効果を伴う仕方で行動しておられるということを前提にしている。この「効果を伴う仕方」での神の行動がまさに実現する時がある。問答書の理解によれば、それは、サクラメントの指示が積極的に功を奏する時、それ故、事実として信仰を確かにすることが起こる場合である。しかし信仰は「それ自体」として何かある物ではなく、神と人間との関係の表現なので、サクラメントは、それを通して神が人間のために行ってくださったことに対する人間の然りが強められる時、効果あるサクラメントとなる。そのため、サクラメントは私たちのために十字架で起こった罪の赦しを指し示すことであるということを、問答書は何度も繰り返し明らかにし続ける。一六のうち一四の問答でそのことが取り上げられている。それ故、サクラメント自体は罪を赦すという課題を持っていない。しかしサクラメントはキリスト者に、彼らの罪はキリストの十字架の犠牲によって赦されたのだということ、彼らは義とされ、新しい人間に生まれ変わったのだということを確証すべきなのである。問答書は、サクラメントにはそのことを助ける力があると確信している。それ故、サクラメントの機能はこの「神的な」事柄を指示するという性格にある。だからまたサクラメントは自己目的ではない。

今日ではしばしば、特に幼児洗礼が、贈与された命のお祝いとして理解される。また多くの場合聖餐も、それが私たちに食べ物と飲み物を与えるので、神の創造の良き業を示すものとして理解されることがある。問答書はそのようなことはしない。問答書は信仰による人間の新生を決定的な神の行為として理解する。その点で問答書はもう時代遅れになってしまったのだろうか。それとも、現代のサクラメント理解における多くの変更の方が、十字架の出来事の、問題に満ちた相対化として理解されるべきなのだろうか。いずれにしても、問答書がどこを中心に見据えているかはもはや明確である。

洗礼の有用さについて

問72　では外面的な水の洗いそれ自体が罪を洗い清めるのですか。

答　そうではありません。ただイエス・キリストの血と聖霊だけが私たちをあらゆる罪から清めるからです。

ハイデルベルク信仰問答問69は、少なくとも第一印象では、変わった始め方をしている。すなわち、問いはこうなっている。「あなたは聖なる洗礼において、十字架でのキリストの一度限りの犠牲があなたのものになることを、どのように思い起こし、確信するのですか」と。この質問では、次のように問われていると理解することができる。そう考える方が分かりやすいかもしれない。すなわち、「あなたは自分の聖なる洗礼において、……を、どのように思い起こし、確信するのですか」と。その場合この問いは、自分で答えを与えることのできる一人の洗礼志願者に向けられていることになるだろう。しかしもしこの問いを、知的に理解しうる人間の洗礼だけを視野に入れているものと理解するなら、問答書は幼児洗礼に反対して語っていることになるだろう。しかしそうはなっていない。問答書はもう少し後で、幼児洗礼に賛成であることを詳細に理由づけている。では、問答書が何の矛盾も抱え込んでいないとすれば、いったいどのようにこの問いを理解したらよいのだろう。答えはただ次の場合にだけ可能である。すなわち、ここで洗礼志願者自身が視野に入れられているのではなく、洗礼に立ち会う教会共同体が見据えられている場合である。洗礼はそれ故、何よりも洗礼志願者にとってではなく、教会共同体にとって有用なものである。なぜなら、教会員は、自分も洗礼を授けられたこと、今洗礼志願者の身に起こっている外的な水の洗いは、十字架上で起こったあらゆる罪からの清めの洗いを指し示していることを思い起こさせられるからである。そしてここでもハイデルベルク信仰問答が洗礼に独自な位置づけを与えていることがよく分かる。ローマ・カトリックの神学が教えることは、洗礼を通して、原罪と洗礼までに犯した罪はことごとく消し去られるということである。そして洗礼後に犯した罪に対しては、告解における司祭の赦免が存在する。実はルター派の領域でさえも、洗礼の行為は非常に効力があるとされている。マルティン・ルターは小教理問答の中で、洗礼が与えるものは何か、洗礼は何の益があるのかという問いにこう答える。「それは罪の赦しをもたらします(3)」と。ハイデルベルク信仰問答はそうは言わない。洗礼は十字架の出来事と競合する仕方で考えられるべきではなく、神の自由が人間の行為によって制約されてはならないからである。洗礼それ自体に罪を赦す力が付与されるなら、そのことが起こってしまう。だから洗礼はイエス・キリストにおける本来の罪の赦しの出来事を指し示すものとして存在するのであり、その目的は信じる者を、知力だけでなく人間に与えられたあらゆる感覚をもって、この本来の出来事へと向けることにある。もちろん、それがうまく行くのはサクラメントそのものによってではない。キリスト者に赦しを確信させるために聖霊がサクラメントを用いる時にだけ、それは有効な仕方で起こるのである。

幼児洗礼

宗教改革の時代にいわゆる再洗礼派は幼児洗礼を廃止し、部分的にとはいえ、まわりの社会と厳格に一線を画す共同体を創立した。ミュンスターは一五三四年から三五年にかけて再洗礼派の王国となり、そこで過激な様相を呈するに至った。その結果、至るところで再洗礼派に対する容赦ない迫害が起こった。チューリッヒの宗教改革者ウルリッヒ・ツヴィングリは、最初は幼児洗礼に反対していたが、やがてその解釈を改めた。再洗礼派の教会の排他主義を、福音とは一致しないものと見たからである。この経緯が示していることは、再洗礼派の運動は神学的な問題を提示したということである。その痕跡は確かに問答書の中にも見出される。すなわち、信仰と洗礼の関係という問題である。ローマ・カトリック教会では洗礼は個々人の信仰とは関係ないので、その限りでカトリックは問題そのものを知らない。マルティン・ルターは、特に子どもの信仰を認めることによって問題を「緩和した」。

洗礼に際しては、代父母が子どもの代わりにその子どもの信仰を表明する。子どもは自分ではまだ信仰を表明できないからである。(4)今日幼児洗礼はほぼすべてのプロテスタント教会において、以下のことをもって根拠づけられている。すなわち、神の恵みは何の見返りもなく与えられ、それ故、救いに何の貢献もできない子どもの洗礼においてこそ、そのことが最も良く表現されているということである。一九〇〇年頃に初めて成立したこの解釈(5)は、信仰が神の贈り物としてよりも人間の業として理解されることとの問題性を見抜いている。

問74 小さな子どもたちにも洗礼を授けるべきでしょうか。
答 はい。なぜなら、子どもたちは大人と同じように神の契約とその共同体の中に属しているからです。彼らにも、大人に劣らず、キリストの血において罪からの贖いと、信仰を呼び起こす聖霊が約束されています。だから子どもたちも、契約のしるしである洗礼によって、キリスト教の教会に会員として加えられ、未信者の子どもたちから区別されるべきです。旧約聖書では割礼によってそれがなされたように、新約聖書ではそれに代わって洗礼が制定されたのです。

ハイデルベルク信仰問答はツヴィングリやカルヴァンの伝統の上にあるが、少し異なる仕方で幼児洗礼を基礎づけている。男の子の割礼を行うユダヤ教では明らかに、約束はユダヤの民に属している子どもにも有効である。それと同じように洗礼は、キリスト者の子どもたちもすでに神の契約に属しているということを表している。この背後にあるのはコリントの信徒への手紙一7章14節である。パウロはその箇所で（洗礼への言及はないが）、信者の子どもたちも聖なるものであると書いている。あからさまに表現されていないこの割礼との類比は必ずしも幸いなものとばかりは言えないにしても（割礼は新約の教会には見出せないし、女の子は割礼を施されないということもある）、ここには幼児洗礼に対する最も説得力のある神学的理由づけが見出されると言わざるをえないだろう。新約聖書の時代にはまだ子どもは洗礼を授けられなかった。そのため新約聖書にその根拠は見出されない。問答書は神の契約から議論する。そしてこの契約に、年長者も幼少の者も属している。両者に等しく罪からの贖いが約束されているからである。子どもたちもすでに教会共同体に属している。人間の活動より神の活動が強調されるのは適切なことである。洗礼が神の契約によって根拠づけられるということは、それまで詳細に論じられたことはなかった。子どもたちについて見ると、聖霊が幼児洗礼のサクラメントにおいて信仰を確かにするとまでは言えないだろう。もし問69のように「福音を理解できる成人の受洗者のことが考えられており」、幼児の受洗者をただちに洗礼の効力の受け取り手および受益者と見ないなら（あるいはただ後になって理解してからその効力を受け取る者と見るなら）、幼児洗礼が信仰を確かにするとまでは言えないということは当たっているかもしれない。サクラメントが洗礼を通して信仰を確かにする課題を持っているとなると、人はまっ先にそれぞれ自分の信仰のことを考えてしまうだろう。そうなると、ハイデルベルク信仰問答には、再洗礼派に由来する「個人の主体的信仰か共同体の信仰かという」あの対立関係の残滓がまだ認められるということになるだろう。

……わたしの記念として

問79　なぜキリストはパンを彼の体、杯を彼の血、あるいは彼の血による新しい契約と呼ぶのですか。またなぜパウロはイエス・キリストの体と血とに与ると語るのですか。

答　キリストは何の理由もなく語っておられるのではありません。キリストはそれによって私たちに、パンとぶどう酒がこの世の命を支えているように、彼の十字架につけられた体とその流された血潮が、永遠の命のための私たちの魂のまことの食べ物であり、まことの飲み物だということを教えようとしておられるのです。そればかりでなく、私たちがこの聖なるまことのしるしを彼の記念として、私たちの口で受けるのと同じほど確かに、私たちは彼の聖霊を通して彼の体と血に与るようになるということを、キリストは私たちにこの見えるしるしと担保を通して確かにしようとされているのです。あたかも私たち自身がすべての苦しみを受け、成し遂げたかのように、彼の苦しみと彼の服従のすべてが確かに私たちのものとなるのです。

ルターとツヴィングリは聖餐に際しての制定語をめぐって異なる理解を持っていたため、一五二九年、マールブルク城で意見の一致を見ることができなかった。たとえばイエスはパンを手に取って「これは私の体である」と言ったが、その場合マルティン・ルターはこの「である」を特に真剣に受け止めた。彼は、ここでイエス・キリストがパンになりうることを信じることができない者は、イエス・キリストが人間になったことも確信できなくなる危うさを見ていた。これに対してウルリッヒ・ツヴィングリは、むしろここでは一つのたとえがなされており、それは、パンがキリストの体を代わって表しているという意味でなければならないと考えた。よくよく考えてみれば、イメージとして理解されねばならないご自身についてのほかのイエスの言葉も存在するではないか（私は良い羊飼いである）。それに加えて、制定語には「私の記念としてこれを行いなさい」という言葉も常に添えられていることを見なければならないと。聖餐を記念の食事として理解すべきだとの主張が改革派の特徴であるという具合に、歴史の流れの中でツヴィングリ（そして彼と共に改革派）は繰り返し誤解されてきた。今聖餐を祝う者は過去の出来事を想起しており、イエスの死について考えているのだというようにである。しかし、ツヴィングリもカルヴァンも、そしてハイデルベルク信仰問答もそう単純に理解していたわけではない。すなわち「記念」という言葉は、旧約聖書的‐ユダヤ教的な世界では、単に「思い出すこと」以上の意味がある。「ザーカル（想起する）」はユダヤ教では今日に至るまで、ユダヤの民と共なる神の歴史に対する現在の関わりを表す中心的な言葉である。それが最も明瞭になるのは、ユダヤ教の過越の祭りである。ユダヤ人の家庭で今日もなお過越の祭りが祝われる場合、次の申命記の章句が朗読される。

「将来、あなたの子が、『我々の神、主が命じられたこれらの定めと掟と法は何のためですか』と尋ねるときには、あなたの子にこう答えなさい。『我々はエジプトでファラオの奴隷であったが、主は力ある御手をもって我々をエジプトから導き出された。主は我々の目の前で、エジプトとファラオとその宮廷全体に対して大きな恐ろしいしるしと奇跡を行い、我々をそこから導き出し、我々の先祖に誓われたこの土地に導き入れ、それを我々に与えられた』と」（6・20－23）。決定的な言葉はここで「我々」である。過越の祭りを記念として祝う者は、数千年の後にも、イスラエルの民と共なる神の歴史のただ中へと自分たち自身が引き入れられているのを理解するからである。「私たちはそこにいた。それは私たちのために、まさに私たちの身の上に起こったことである」。これは単に回想することと以上のことである。というのも、過越の祭りを祝う者はそのことで、「イスラエルの民をエジプトから導き出した神、その御手がイスラエルの民の上に今に至るまで差し伸べられている神に、私は属している。この神が私をも解放してくださったのだ」と告白しているからである。そこから帰結されることはこうである。「どの世代に属する人間も、あたかも自分がエジプトから導き出されたかのように自分自身をよく見るように義務づけられている」(6)。ユダヤ人の家庭で過越の祭りを祝う者は、民と共に歩むこの神の歴史の一部として自分自身を理解するのである。

誕生によって組み入れられるユダヤ教とは異なって、キリスト教の領域では、洗礼と信仰によってキリスト教共同体のメンバーになる。したがって、ハイデルベルク信仰問答の解釈によれば、「想起の祝い」であるサクラメントは、また共同体の祝祭でもある。すでに洗礼においてもまたサクラメント一般においても表現されていたことだが、ハイデルベルク信仰問答によれば、聖餐の執行が罪の赦しをもたらすものではない。問答書は見える素材と見えないものとを混同しようとはしない。しかしそうは言っても、見えるもの、すなわち聖餐の執行は、たとえ私たちが自然の眼で見ることができないにしても、神と人間との交わりが目の前に存在しており、完璧なものであることの担保、しるし、神の約束である。そして先に引用した問79の末尾から見て取れることは、いかに贖罪ないし義認がここでも中心的なものであるかということである。キリストが苦しんでくださったことを、実は私たちも彼において、彼と共に苦しんだのである。そしてまさに彼において、人間は新しい人間なのである。ルターはこの関連で喜ばしい交換について語っている。イエス・キリストの死はなるほど残虐なものであったが、しかしそれは自分のために起こったのだということを人間が理解するように、それを確かにすることが聖餐の目的である。それ故、記念は回想以上のものであり、聖餐は思い出の食事以上のものなのである。

聖餐が記念の祝いとして理解される場合、次のことが期待されている。すなわち、聖霊が聖餐を用いてくださるのであり、それは、キリストの出来事が人間の身に及ぶように、そして彼らにイエス・キリストとの交わりを贈与するためである。信仰が過去の出来事を想起し、それが現在化されるということが聖餐の祝いによってもたらされたのであれば、聖餐の祝いはその課題を十分果たしたことになり、その時霊が働いたのである。問答書は、霊こそがそれをしてくださる方であるということから出発する。問答書はここで疑いをもって理屈をこねているのではなく、霊の働きを期待する喜びに満たされて、そう主張しているのである。

「ますます一つにされ」

サクラメントにおいて向けられる視線は、イエス・キリストの十字架と復活への視線である。なぜならそこで私たちにとっても決定的なことが起こったからである。ハイデルベルク信仰問答のサクラメントについての章句を貫く基調音はそのように響いている。問答書は用いられる素材の方により多くの信頼を寄せるあらゆる解釈に激しく抵抗する。ある問答（問80）は著しく教派論争的な議論に陥っている。それは明らかに選帝侯の意向に基づいて第二版から初めて導入されたものである。中世の教会を誹謗する、今日では受け入れがたい言葉が選ばれているが、にもかかわらずそれは、現在のエキュメニカルな対話においてもまだ完全に説明されてはいない正当な問いかけを取り上げている。そのことはこの問80に対してぜひ認めておかねばならない点だろう。

しかしハイデルベルク信仰問答においてその聖餐理解の中心に立っているのは、決してローマ・カトリックの聖餐理解、あるいはルター派の聖餐理解に対する理論的防御ではなく、キリストとの現在の交わりの強調である。そしてまた問76にはすでにエキュメニカルな次元が見て取れる。それは――

いずれにしても私にとって――ほとんどセンセーショナルなものであり、預言的なものである。最初に強調点は再び、聖餐は私たちに罪の赦しを確かにしようとしているという点に置かれている。その上で――問答書の人間理解にとって特徴的であるが――「そうではなく、また」が来る。その人間理解は罪の赦し、すなわち古い人間の死滅にとどまっているのではなく、新しい人間の復活、それ故神の意志に従って生きようとする人間を目指している。問答書が期待するところによれば、キリスト者は復活した方とすでにこの地上において「ますます」一つにされていき、キリストとの交わりが成長していくのである。そしてエキュメニカルな強調文が続く。問答書は、イエス・キリストの地上の体――それは教会という周知の概念のことだが――が一つであり、一つの霊によって永遠に生きかつ支配されるということについて語っている。問答書にとって目の前にあるのは当時の教派分裂である。実は二〇世紀になってようやく新たに見出された教会のエキュメニカル（世界教会的）なヴィジョンが、ここでもう将来を見通すような仕方で取り入れられている。イエス・キリストの教会は一つの体であり、一つの霊によって支配されているのである。

聖餐に関して言えば、問答書が最初［一五六三年］に出版されてから四一〇年後にようやく、教会のこのヴィジョンが部分的に満たされた。ルター派、合同派、改革派教会は一九七三年のロイエンベルク一致協約をもって相互の聖餐の交わりを宣言した。議論のアクセントはまったくキリスト者とキリストの交わりに置かれており、そこには問答書との事柄に即した連続性が見出される。

問76　十字架につけられたキリストの体を食べ、彼の流された血を飲むとは、何を意味しますか。

答　それはただ、信じる心をもってキリストの苦しみと死の全体を受け入れ、それによって罪の赦しと永遠の命を受けるというだけではありません。そうではなく、また、キリストの内に、また同時に私たちの内に住んでおられる聖霊によって、彼の栄光に輝く体とますます一つにされ、その結果、たとえキリストは天におられ、私たちは地上にいるとしても、彼と共なる一つの体であり、一つの霊によって永遠に生き、かつ支配されるようになるためです。

とはいえこれによって、サクラメントをめぐるすべての論争が決着されたわけではない。サクラメントにおいて重要であるキリストとの交わりをキリスト者どうしの間で、そして諸教会の間で実際に生きるためには、なお行うべきいくつかの事柄が残っている。

ハイデルベルク信仰問答にとって重要なことは、洗礼と聖餐は、キリストとの交わりを生きるために神が提供してくださったものだということである。そしてキリストとの交わりは、個々の信者のキリストとの交わりを越えていく。あらゆる場所と時代の制約を越えて存在するただ一つのイエス・キリストの体は形を取ろうとしており、それはますます増大していく。すなわちエキュメーネ（普遍的教会性）とは、単なる温和で友好ムードの並存以上のものであってほしいし、何よりそれは共存における喜びなのである。

しかしそれが常に経験される現実であるわけではない。なぜなら、教会の中にもいくつかの並存状態があり、相互反目さえあるからである。サクラメントはだからこそ、イエス・キリストにおいてすでに現存している一体性を指し示す希望のしるしなのである。そのようにしてサクラメントは、個々のキリスト者と教会がそれぞれ自分に与えられた正しさを見据えつつも教会の一致を希望し、確信をもって生きることを助けることができる。

第12章
祈り——私たちが祈れるように教えてください

祈りは多くの宗教で捧げられている

祈りについての考察は、人間は祈るという事実の観察をもって始めることもできるだろう。人間が祈るのはただキリスト教信仰が存在する場所だけではない。世界中のほぼすべての宗教で祈りが捧げられている。部分的に、ほかの宗教における祈りの形態は、少なくともそのやり方だけを見るなら、キリスト者が祈るのとそれほど大きくかけ離れているわけではない。しかし所々で祈る仕方がまったく異なる場合もある。たとえば極東の諸宗教（ヒンドゥー教など）においてそうである。

そのように「祈り」のテーマを始める者は、次のように決まりきった質問をぶつけてくる。すなわち「何が人間を祈るように動かすのか。人間は祈りから何を期待しているのか。どんな頻度で人間は祈るのか。人間はただ聖なる空間で祈るのだろうか、それとも個人的な場所でも祈るのだろうか。また祈りの姿勢はどのような外観を示しているだろうか」と。

結果として人は、さまざまな宗教や文化の間にある共通性や相違性に気づくことができるだろう。キリスト教のさまざまな教派的特徴において祈りの形態はどのように異なった様相を呈しているか、またたとえばイスラム教とキリスト教の間で祈りの決まったやり方がどれほど近いものと言えるか(1)といった問いもそのことに属している。他方では、根本的な違いも認識されうる。たとえば、祈りは対話として理解されるかどうかという問いはここに属している。

一般的な人間の祈りという事実性から始める者は、本来の意味においてはまだ神学的ではなく、宗教学的に問うている。そして神学は宗教学とは少し違っている。宗教学が外側から問い、それ故当然ながらまた宗教学によって認識されるすべての宗教を同列に扱うのに対して、神学は異なった仕方で問う。それは、自分が関係の中に置かれていること(das Sich-in-Beziehung)を前提にしている。ハイデルベルク信仰問答も最初からこの関係の中にあることによって動かされている。それ故「祈り」というテーマを、三位一体の神と、自由にされた人間との間の信仰の関係から離れて考察する者は、それに応じてただ一般的な陳述を得るしかないのである。

祈りはそもそもキリスト教の教理のテーマなのだろうか

しかしまたこう問うこともできるだろう。いったい祈りのテーマはそもそもキリスト教の教理に属しているものなのだろうかと。キリスト教神学の多くの教科書を見ると、このテーマに関する事柄は概して欄外で扱われている。そのことで、祈ることが重要でないと宣言されているわけではないにしても、それが明らかにしていることは、祈る際に重要なものは各自のさまざまな見解、個人的な事柄にすぎず、礼拝を形作る場合でもそうだということである。祈りは狭義の神学の専門領域には属していないと見られてきたのである。

こう問うことは正当である。なぜなら生活と教理は同一ではないし、人間が祈る仕方も非常にさまざまだからである。それに、祈ることが特別な仕方で個人的な性格を持っていることもその特徴に加わる。祈りは多くの場合隠れたところでなされるからである。イエスは彼の弟子たちに、祈りを、信心深さを見せびらかすための手段に貶《おとし》めないように意図的に警告した。そしてこう勧めた。「あなたが祈るときは、奥まった自分の部屋に入って戸を閉め、隠れたところにおられるあなたの父に祈りなさい」（マタイ6・6）と。

神学が問うことは実際に起こる事柄である。神学はキリスト教信仰を基礎づけるのではなく、キリスト者が信じる時、何が本来起こっているのかを問う。したがって、祈りは確かにキリスト教の教理の本質的な要素なのである。同時に祈りは多くのほかの神学的主題よりずっと強力に神学について教えるものでもある。それは狭い意味での教理を超えている。そのようにして明らかにされうることは、神学は神学自身のためになされるのではなく、教会と個々のキリスト者の生活のために益となることをすべきだということである。「祈る」というテーマによって生じる問いを真剣に受け止めるのも、そのような理由に属している。

いくつかの問い……

祈りのテーマにおいて何度も持ち上がる問いはこうである。「神はそもそも、私たちが祈ることを必要としておられるのだろうか。神はすでにすべてを知っておられるのではないのか」と。それによって表現されているのは非常に合理的な考え方である。「私たちは神に願い求めていることを実際に知ってもらうために、それを神に言わなければならないのだろうか。神は私たちの考えを読み取ることもできるのではないだろうか。もしそうなら、特別の行為としての祈りは余計なものになるのではないか」と。そう問う者は二つの明確な前提を設けたことになる。一つには、祈りが神に向けた情報提供として理解されている。もう一つには、祈りは祈っている当事者にも重要なものではないかどうかが考慮されていない。いやそれ以上にこの問いは、神はすべてをあらかじめご存じではないのかと言って、神に難癖をつけていることを示している。しかしこの前提は本当に的確だろうか。あるいはそれは、神であるならすべてを知っていなければならないと言い張る神のイメージに起因するのではないだろうか。その場合、それは再び、人間の論理を手段として神の属性を決めつける試みになってしまうだろう。

またもう一つ別の問いも投げかけられる。「私たちは神のご計画を私たちの祈りによって変えられるだろうか」と。この問いも一つの前提を示している。なぜならそれは、神であれば、世界の出来事全体がそれに従って経過していくような、確定した計画を持っているはずだという前提から出発しているからである。しかしそれは神の行動について聖書の使信が証言していることには即していない。すなわち神は自ら意向を変える方である。ここで最小限の例を挙げれば、それはたとえばソドムとゴモラの運命をめぐって神と交渉したアブラハムにおいて明らかになる。あるいはまたイエスの姿においても明らかになる。ユダヤ人ではない女が娘の癒やしをイエスに願い、イエスは、女の一途《いちず》な振る舞いを見た後、彼女の願いを聞き入れたのである。

そして第三の問いはこうなる。「私はすべてのことを願うことが許されるだろうか。それともいくつかの願いはあまりにも自己中心的だろうか」と。ここには二つのことが表現されている。一つは、どんな祈りも純粋な動機から形成されているわけではなく、祈る人間は道徳的な意味でほかの人よりおのずから立派に行動しているわけではないという自己反省の弁である。そしてもう一つは、神とは、自分の願い事を満たす協力者として理解されるべきではないし、そのように誤用されるべきではないという自己反省の弁である。二つの反省とも重要であり、この問いは否定される必要はない。むしろ逆にこの問いは、祈りのテーマは神学的にもよく考えることが必要だということを明らかにしてくれている。

人間的行為としての祈り

ハイデルベルク信仰問答は一四の問いと答えで祈りを取り扱っている。そこでは大部分が主の祈りの解釈に当てられている。その長さがすでに、問答書にとって祈りの主題を詳細に扱うことが重要であることを明らかにしている。そして問答書が祈りを論じる位置は、同様に意味深い。それはいわば叙述のクライマックスとして単に終わりに置かれているのではなく、特に問答書の第三部に位置づけられている。第三部は「感謝について」と題されている。この第三部全体のテーマは人間の振る舞い方であり、したがって十戒の解釈もまたこの部分の本質的な構成要素である。

問116 なぜキリスト者にとって祈りが必要なのですか。

答 なぜなら、祈りは感謝の最も重要な形態であり、神が私たちに祈りを求めておられるからです。そしてただ神を心からたゆみなく祈り求め、神に感謝する人にだけ、神はその恵みと聖霊を与えようとしておられるからです。

しかしこの位置づけによって、問答書にとっては祈りか行動かという二者択一は存在しないことも明らかにされる。重要なことは、仲間の幸せと救いのために人間的に行動する代わりに祈りが置かれているということではない。祈りがすでに実際の行動の本質的な構成要素なのである。それどころかさらに問答書に対する逆の問いかけも存在する。(2) 主の祈りを解釈する際に、問答書はあまりにも人間の行動を強調しすぎており、それで神の行動を過小に評価しているのではないかという問いである。しかし問答書にとって両者を切り離すことはできない。

問答書が祈りの箇所を始めた問116において明白に示されていることであるが、そこにはすでに、神は祈りをそもそも必要としているのかどうかという問いが批判ぎみに記されていた。神が祈りを必要とされているのではない。祈りを必要としているのはキリスト者である。祈りの実践から直接生じる効果を見て、祈りが必要であることを理由づけることもありうるだろう。それは祈ることから生じる心理療法上の効果に注目している。しかし問答書は、そのように考察して祈りを心理学の手法で説明する代わりに、あくまで神学的に、それ故神から論証しようとする。神がまず第一に祈ることを提供してくださる。そして第二に、ただ恵みと聖霊の賜物を神に祈り求め、それを神に感謝する者にだけ、神はまさに恵みと聖霊を与えるのである。

少なくとも第一印象では、「ただ〜の者にだけ与える」という表現は排他的で、決して招きの言葉ではないように響く。そしてまたそこでは、人間の祈りが恵みと聖霊を受けるための条件であるかのように、交換取引として理解される場合も起こりかねないだろう。しかしそれは問答書の根本的な考え方に矛盾していることになるだろう。恵みと聖霊は神と人間との関係の次元を代表している。この神と人間との関係は一方的に神によって制定されたものであり、問答書が何度も立ち戻る周知の根本思想である。関係の相手としての人間はマリオネットではない。人間は応答することができる。そしてこの応答能力は祈りにおいて最も明瞭に見えるものとなる。それどころか問答書は、祈りこそ神に対する人間の応答の最も重要な形態であるとさえ語っているのである。

私たちに祈ることを教えてください

主の祈りは、ルカによる福音書11章1－4節では「私たちに祈ることを教えてください」という弟子たちの願いに対するイエスの答えである。この主の指示を問答書は取り上げ、順番に主の祈りを解釈していく。主の祈りは、ほとんどのキリスト教の礼拝で本質的な要素であり、多くの人々にとって信頼できる人生の同伴者である。とはいえ、主の祈りは「一本調子のお題目のように唱えられる」テキストになりかねない。そのことを危惧する多くのキリスト者の心配もまた存在する。その結果多くの自由教会は、礼拝で主の祈りを用いることを断念している。彼らにとっては誤用される危険の方が大きいのである。通常それに代わって登場するのが、彼らがより信頼できると思って高く評価している自由祈禱である。

この議論の問題は、主の祈りと自由祈禱のどちらにアクセントを置くかという強調点の違いにあるのではなく、主の祈りの排他性を要求する点にある。もし主の祈りが唯一の祈りになり、どんなに拙いものであっても自分の言葉で祈ることが忘れられるなら、確かにそれは良いことではない。また主の祈りの言葉をただ繰り返せばよいということではなく、それをできる限り理解することが重要である。他方で祈りの適格性というものは、単に人間が心から自発的に祈っているかどうかだけからは分からない。そもそも人は祈りの適格性について語ることができるのだろうか。ハイデルベルク信仰問答は問117において、祈りが神に喜ばれ、聞いていただけるために、何が祈りに必要なのかと吟味しているが、その場合、一見祈りの適格性を問うているように見える。ツァハリアス・ウルジヌスの起草したラテン語のテキストでは、ドイツ語の適格性（Qualität）を表現する言葉は「いかに（qualis）」になっている。もしこの問いがその答えから切り離されるなら、問いの文章は高慢として理解せざるをえない。なぜなら、まるで問答書はどのような祈りが神に聞かれ、どれが聞かれないかを正確に知っているかのように見なされることもあるからである。しかしこの問いによって問答書は神の立場に立とうとしているのではない。だからこの問いを、問答書における答えから切り離して理解することはできない。そして先に述べたイエスの弟子たちの願いからも切り離してはならない。問いは確かに、適格性の基準を十分満たしていないような祈りについての判断が語られているとも見られうる。その限りにおいて、この問いは誤解を招く仕方で表現されている。それは遺憾なことだと言えるだろう。

問117　祈りが神に喜ばれ、神に聞いていただけるためには、何が祈りに必要ですか。

答　第一に、神が私たちに願うことを命じたことのすべてを、ただ御言葉においてご自身を啓示してくださったまことの神のみに心から願い求めることです。第二に、私たちの困窮と悲惨さを根本的に認識して、自分を神の御顔の前で謙遜にすることです。第三に、私たちはふさわしくないにもかかわらず、神が主キリストの故に私たちの祈りを確かに聞こうとしておられるということに、揺るぎない確信を持つことです。そのように神は御言葉において私たちに約束してくださったのです。

ではいったい何が祈りの適格性に必要なのだろうか。問117の答えをよく読む者は、問答書全体で言及されている神と人間との関係が、もう一度ここに簡潔に取り上げられていることがすぐ分かるだろう。祈りはその意味で、あらゆる可能な宗教に現存しうるような単なる宗教的な人間の行動ではない。それは、神によって創始された神と人間との関係の内部での特別な人間の応答なのである。祈りの適格性の第一の特徴は、神が自らを認識させてくださったということの認識である。祈りが捧げられる相手はそれ故、何か漠然とした聖なるものなのではなく、御子イエス・キリストにおいて人間に語ってくださった方、人間を贖い出してくださった方である。適格性の第二の特徴は、いつも何も持たずに神の前に立ち、何の功績も示せないことを知っている人間の自己認識にある。そして適格性の第三の特徴は、祈りを本当に真剣に考えることにある。なぜなら、それは単なる人間の自己対話ではなく、神がその被造物に対して信実であり続け、被造物を放っておかないという約束をもって、祈りは聞かれるからである。したがって、祈りにおいて関わっているのは誰なのかを知っている者が、正しく祈る者なのである。

神とその属性

神は現にそうである方としてご自分を認識させてくださった。そのように問答書は記すのであるが、特にイエス・キリストの到来において、神とはどのような方なのかを見ることができる。そこでこそ、神の義や神の全能とはどのようなものなのかを理解することができる。神の義は憐れみ深く、その全能は、被造物に身を向けてくださる愛の全能である。祈りはこの神の属性に対する信仰において神に向かう。オランダの神学者ヤン・コープマンスはこう記している。

「［問答書は主の祈りの説明の中で、］私たちが実に多くの場合まったく形式的にしか語らない［神の］一連の性質を取り上げている。私たちはふだん神がどんな方かあまりよく考えることをしない。神の義について語る間に、もう神の憐れみについて語り出している。実は、神の全能が私たちの全思考を揺り動かす祈りの状況というものがある。ほかの瞬間にはあまり深く知ることはないが、この祈りの状況の中で神の知恵について知る。そして本当の感謝の瞬間がやって来る。

その時、神の善を知る。世界が過酷に見える時、私たちは神の義を呼び求める。自分自身を深く恥じる時、私たちは神の憐れみを祈り願う(3)」。

この意味で当然のことであるが、世界と共なる神の歴史を知る者、そして私たち人間と一緒にいてくださる神との関係の中に自分が安全に守られているのを知ることができる者だけが、祈ることができる。だから人間がどう祈るべきか知らないすべての祈り、ほかの人にはしばしば舌がもつれるようにしか聞こえない祈りでも、決して不適格ではないのである。教理に即した正しい考え方を教え込まれた祈りだけが神に聞かれるなどと要求することはできない。むしろ目標は、祈ることを学ぶことにある。だから祈りは、神との関係の歴史の一部として真剣に受け止められねばならない。そのためキリスト教の教理全体が、祈りの理解の中にも入り込んでくる。逆にまた祈りは、キリスト教神学の本質的な構成要素である。私は自分自身に属しているのではなく、イエス・キリストの歴史の不可欠な一部である。私はそのように自分を理解することが許されている。もしこの見極めから出発することができるなら、すべてを神から期待するという祈りの可能性は、私たちの人生を救うものとなる。一般的に神の属性について語る代わりに、人はキリストの歴史における神のすぐれた特質について語ることができるだろう。そのすぐれた特質において神を真剣に考えるなら、その時祈りはその特質に応じて高く評価されうるものとなる。

そこで問答書にとっては、祈る者がその祈り求めているものに従って生活を立て上げることが重要となる。祈りが日常生活の中に入り込み、効果を発揮することが重要である。問題は祈りをこの世の行動のための動機づけにおとしめることではない。むしろ、祈る者が神の行動から方向づけられることこそ重要である。例として主の祈りの第二祈願の解釈を手がかりに、そのことを示してみよう。

御国が来ますように

主の祈りの第二祈願は「御国が来ますように」である。現代の釈義においてこの祈りのもとで次第に理解されるようになったことは、終末論的な支配を神ご自身が打ち立ててくださるということ、しかもその終末論的支配は、人間が何ら付け加えることなしに到来するということである。問答書もまた、神が終わりの時、人間の参与なしにその究極的な支配を打ち立てるであろうという前提から出発する。この神の支配が到来すれば、ヨハネの黙示録が言い表しているように、もはや涙も痛みもなくなるであろう。しかし問答書は、もちろん神の支配が完成することを信頼しつつも、なおこの祈りの中に世界と教会と個々の人間の現在の状況もまた含まれているのを見ている。祈る者は神に現在の支配を祈願している（それは王としてのイエス・キリストの職務を思い起こさせる）。まず第一に、個々の人間のことが視野に入ってくる（とはいえ、主の祈りは個人の祈りだけではないので、ほとんど常に「私たち」と表現されている）。神が支配するということは、一六世紀の時代の言葉では、私たちが時と共にますます神に聴き従うようになることを意味している。もう少し望ましい表現を用いるなら、神の意志と私たちの意志がますます一致し、それ故神の義と神の憐れみがいよいよ一つになり、人間に対する神の厚意が私たちの行動を時と共にますます規定するようになることを意味する。

問123　第二の祈願、「御国を来たらせたまえ」は何を意味していますか。

答　そのことで私たちはこう祈っています。どうか私たちを、あなたの御言葉と霊によって支配し、私たちが時と共にますますあなたに聴き従うようになりますようにと。あなたの教会を保持し、増大させ、あなたに逆らって立ち上がる悪魔の業とあらゆる暴力を滅ぼし、あなたの聖なる御言葉に対して考え出されるあらゆる悪しき企てを滅ぼしてください。あなたがすべてにおいてすべてとなられる、あなたの御国の完成が到来するまで。

神の現在の支配を求める祈願は、その内容に教会も含んでいる。それは保持され、いやそれどころか増し加えられるべきものである。ここでは第10章で言及した問54の文言が引き継がれている。神が彼の教会を集め、守り、保持されることを信頼するなら、まさにそのことを神に祈り求めることによって、神はご自身が真剣に受け止められることを望んでおられるからである。そして最後に全世界とまた教会、そして個々人を脅かす悪の諸力を滅ぼしてくださいと祈る時、全世界が視野に入れられるに至る。神は唯一の祈る相手であり、祈りが祈る者のひそかなアッピールになることもない。だが祈る者は、その行動が神の行うことに従って正されるように、自分自身のためにも祈る。神の支配はイエス・キリストにおいて恵み深い支配となる。したがって、人間の行動がこの神のすぐれた特質によって満たされるようにと祈ることもまた、神が支配してくださることを求める祈りに属している。たとえば一九世紀では、神の支配ということで広範囲にただ地上の事物のことだけを理解したのだが、そのような時代とは異なり、問答書はここで此岸性の制限を越えてもっと豊かな展望を持っている。とはいえ、彼岸が此岸を消し去ることはないのである。

私たちの日ごとのパンを今日私たちにお与えください

此岸と彼岸の二重の次元が第二祈願よりもっと明瞭になるのは、よく知られた日ごとのパンを求める第四祈願である。まず第一に、この願いはまったく文字通りに受け止められる。そこでは、パンは生きる上で必要なものすべてを代表するものとして理解される。第二の段階として明らかになることは、問答書がいかに深く神の属性に関わっているかということである。祈る者は、神が身を向けてくださることにおいて、神こそすべての良きものの源であることを認識すべきである。このことは、神認識をこの世界の経験から作り出そうとする試みとして理解すべきではない。そうではなく、神の良き賜物は、被造物に信実である方が誰であるかを再認識させるという考えが取り入れられているのである。問125の三番目と四番目の文章は、人間の行動を正しく方向づけることを目指している。何よりも問答書は、神の祝福なしには地上の事柄は何もうまく行かないことを自覚している。ちなみにここはハイデルベルク信仰問答全体で「祝福」という言葉が出てくる唯一の箇所である。祝福は神の行動である。それは教会が自由に処理しうる権能の中にはなく、神ご自身が主権を持ってその被造物に同伴してくださることである。そして興味深く思うことは、神の賜物でさえ（パンもまたそれに属する）、それを用いるためには神の祝福を必要としているということである。問答書は、自然に経過するあらゆる過程にも神の働きを考えている。神の働きは、単に人間が説明できない事柄の中にだけあるのではない。ちなみにここでも祝福は単純に「幸福」と同一視されえない。こうしたすべての考察の結果、ハイデルベルク信仰問答は「それ故」をもって結論を引き出す。祈る者は、彼らの信頼を被造物にではなく、ただ神だけに向けるように神が傍らで助けてくださることを祈り願う。彼らが祈り願うのはまことの信仰なのである。自分自身あるいはほかのものに頼り、地位やイデオロギーに信頼を置き、信念や価値体系を究極的に人生を支えるものと見なす危険がたえず私たちを脅かす。問答書はそれに対して否を語り、最後的な確かさを与えるのは地上の生活ではなく、ひとえに信仰であると言う。繰り返しになるが、地上の生活と信仰を互いに競合させることが問題になっているのではない。日ごとのパンを求める祈りが、人生において間違った優先順位をつけないことを初めて可能にするのである。

問125　第四の願い、「私たちの日ごとのパンを私たちに今日お与えください」は、何を意味し

ていますか。

答　そのことで私たちはこう祈っています。どうか体と命に必要なすべてのものをもって私たちを養ってください。あなただけがすべての良きものの源であること、そしてあなたの祝福がなければ、私たちの思い煩い、私たちの仕事、またあなたの賜物も、私たちには役に立たないことを知ることができるように、教えてください。それ故、私たちの信頼をあらゆる被造物から遠のけ、ただあなたにだけ向けさせてくださいと。

アーメン——経験より以上のもの

ハイデルベルク信仰問答の最後の問いは主の祈りの締めくくりの言葉、すなわち「アーメン」に向けられる。この言葉はヘブライ語に由来しており、信実（Treue）に近い言語領域と結びついている。問答書はこれを「まことに確かに」と訳している。主の祈りは元来イエスによって祈られたユダヤ人の祈りである。時折そう指摘されるのを聞く。実際、主の祈りの一つひとつの文言はすべて、新約聖書によって証言されたイエス・キリストの歴史から切り離されても読まれうるし、私たちのためになされたイエス・キリストの死と復活に依存することなく理解することもできる。とはいえ、もしこの祈りのユダヤ人的な性格を指摘して、それで主の祈りの「キリスト教的な」解釈をことごとく批判し、それによってハイデルベルク信仰問答の解釈をも批判するなら、結果として私たちはこのテキストを十分公正に扱うことにはならないだろう。ユダヤ人的な関連の指摘は、新約聖書の証言が旧約聖書と結びついていることを表現している。そして新約聖書は、旧約聖書で証言されている神の行為に対して、主の祈りをもって答えているのである。主の祈りはその場所をマタイによる福音書と、また総じて新約聖書全体の中に見出したのである。特にマタイによる福音書は、神の子として罪の赦しを与えるイエス・キリストを強調している。その彼が主の祈りを語っているので、マタイによれば、これは単にユダヤ人によく知られたテキストでも、また慣用的な神の呼称［父よ］の受け継ぎでもなく、明らかにイエス・キリストの父から理解されねばならないものである。神はイエス・キリストの父であるので、私たちもイエス・キリストの兄弟姉妹として、神を父と呼ぶことが許されている。それによって主の祈りの持つユダヤ人的な特性が相対化されるのではなく、むしろ神学的に正しく位置づけられたのである。

問129 「アーメン」とは何を意味するのですか。

答 アーメンとはすなわち、「それはまことに確かです」ということです。なぜなら私の祈りは、私がこれらすべてを神に求めていると自分の心に感じるよりもずっと確かに、神によって聞かれているからです。

イエスは弟子たちを自分自身の祈りの中へと招き入れ、そのことで、神が聞いてくださるという確かさの中にも入れることによって、弟子たちに祈ることを教える。祈りが聞き届けられるかどうかと、祈る者が疑いを抱くことは珍しくはない。自分の願ったことが実現しないからでもあり、祈る者が、自分の信仰が十分に強いとは言えないと判断する場合もあるからである。ハイデルベルク信仰問答は両方の場合を念頭に入れている。というのは、祈りが聞かれることの決定的に重要な点は、願いが実現されたという経験ではないからである。また自分の祈りの生活の内面性がすべてを決定するというわけでもない。聞き届けの確かさは人間の内面性において作り出されるものではないことを問答書は明らかにしている。もし内面性が決定的であれば、信仰の質を聞き届けの決定的な要素とする「信心深さの圧力」［信心深いかどうかを尺度とすること］になるだろう。問答書はそうではないと言う。神は私たちの祈りを聞いてくださる。おそらくただ私たちが期待し希望するのとは別の仕方で、聞いてくださるのである。

先に［二六〇頁以下］「神は私たちが祈ることを必要としておられるのだろうか」と第一の問いは問うた。この問いに対する答えは、今やこうなるはずである。「そんなことはありません。私たちの方が祈りを必要としているのです」と。私たちの方が生きるために祈りを必要としているのである。「では私たちは祈りによって神に影響を及ぼせるのですか」と第二の問いは問う。この問いには答えられない。間違った仕方で問うているからである。神はその被造物に同伴し、その傍らにおられる。「では私たちはすべてのことを願うことが許されているのですか」と第三の問いが続く。ここでも単純な然りは正しいかもしれないが、的確ではないだろう。問答書は祈りの限界を論じているのではなく、その中心にあるものが重要なのである。この中心的なものは主の祈りの中で明らかになる。ハイデルベルク信仰問答はいずれにしても一貫している。なぜなら問答書は、すべての発言を一人称複数形で表現し、そのことですでに、共通の祈りこそ祈りの決定的な場所であることを示しているからである。それ故、集められた共同体がその場所である。そこで共同に主の祈りが祈られるということは良き習慣である。主の祈りはイエス・キリストの共同体の生において、そしてその中での個々の信仰者の生活において捧げられる。決定的なことは祈りが捧げられることであり、祈りが考察されることではない。主の祈りの考察はただ、それが（また共通の）祈りに至る場合にのみ良きものである。結局すべては、弟子たちが唱和した言葉に懸かっている。すなわち、「私たちに祈ることを教えてください」。

第13章

感謝――喜びと愛をもって善き業を行うこと

倫理的テーマに関しては、互いに単純には一致しない二つの意見が、しばしば教会に対する期待のあり方を規定している。一方で多くの人々は、個人の振る舞いや社会全体の行動に対して指示を与える言葉と方向づけの基準を教会に期待している。しかし他方で教会は、何よりもまずほかのエクスパートより多くの専門知識を手にしているわけではないという指摘にも、耳を貸さなければならない。それで結局教会は、人間の良心をめぐって倫理的な問題提起を行う権利を持っていないと非難される事態に至ることもある。

以下に述べる三つの見解すべては、神学的伝統の中にそのルーツを持っている。第一の、教会から倫理的な指示を期待する人々は、信仰がただ内面性に限定されているのではなく、個人的な生活にもまた社会的な共存関係においても帰結をもたらすものだという前提から出発する。第二の立場は、倫理問題に関して神学的な判断力の形成は可能なのかどうかを問うている。こうして、そもそも聖書に関わる神学が、たとえば医学的な倫理において実質的なことを語ることができるのかどうかが問われる。いずれにしても聖書は、現代技術によって作り出された状況を知らない。第三の立場は個々人の良心を強調する。どんな審級（判定基準）といえども、何らかの決定的な指示を良心に与えることはできない。人間は各自で直接神の前に立っており、教会ですら間に割って入ることはできないからである。

けれども、教会が倫理的な勧めを行うことができるかどうかについて反省する前に、まず問わなければならないことは、そもそも行動するということをどのように神学的に考えたらよいかということである。あるいは、ハイデルベルク信仰問答を特徴づけている宗教改革の言葉で表現すれば、どのようにそれは「善き業」になるのかが問われねばならない。

良い木が良い実を結ぶ

宗教改革期、とりわけマルティン・ルターの神学は恵みによる義認の強調により、善き業についての非常に的確な表現にたどり着いた。中世の神学は、教えよりは実践を通して、善き業を行うことが罪を緩和し、神と人間との関係を改善するようになると主張していた。お金を払えば罪を償ってもらえるとする免罪符（贖宥状）販売は、人々を説得する雄弁な説明であるが、ルターの反発を招いた。

ルターの神学は、あらゆる面で結局一つのテーマを巡っている。すなわち、罪人が罪を贖う何らかの功績を示すことができなくても、神は罪人に義を宣告するということである。しかし、ルター以前にすでにこう問われていた。聖書の中にさえ少なからず存在する戒めは、そもそも私がそれに従う必要がないのなら、余計なものにならないだろうか。神は私の立派な振る舞いなしにも恵み深いのだからと。徐々にルターはもっとはっきり強調するようになる。「律法は、私が神に受け入れられていないことを認識するために存在する。なぜなら、私は一つとして律法を守っていないからである」。聖書の中の律法、そして十戒も、私が自分を罪人として理解するために存在している。ルターはこのことを、聖書の律法の、罪を糾弾する用法（usus elenchticus）と呼んだ。なぜルターはただこの一つの役割をそれほどに強調するのだろう。それは、もし人間が神の律法を一つか二つ、ほんの少し守っていると思ったら、すぐにも神の前で自分を誇ろうとする考えが頭に浮かぶ可能性をルターが危惧したからである。その場合、人間はおそらく自分をほかの人とは違うと思いなして、自分自身の力を当てにするようになるだろう。

ではルターに従えば、善き業は重要ではないのだろうか。ルターにとって人との良き共存はどうでもよいものなのだろうか。決してそんなことはない！　ルターはただ、良い木が良い実を結ぶという前提から出発したのである。キリスト者は善き業を行う。それは、まさに彼らがキリスト者だからである。そう繰り返しルターは強調した。重要なことはルターにとって、彼のおそらく最も美しい書物のタイトルが語っているように「キリスト者の自由」なのである。人間は神との関係において自由であるが故に、戒めなどここでは意味はない。とはいえ、ルターはキリスト者にとっての律法の妥当性を、確かに原則的には拒否したのだが、それにもかかわらず最近の研究で論争されていることは、時折別の仕方でルターは律法の効力を主張していたのではないかということである。十戒や山上の説教のルターの解釈は、ただの罪の認識を越えてその先［キリストに導くこと］を示しているからである。

どのように、そしてなぜ倫理的に行動すべきなのか

神学と哲学の歴史においては、この根本的な問いに対して実にさまざまな答えが示されてきた。そのうち二つの基本的な選択肢は、しばしば相互に対立する仕方で叙述される。

第一のモデルは、「義務論的（deontologisch ギリシア語で deon は義務）」と呼ばれるものであるが、何が善いものであるのかを原則的に確定することを意味している。それ故、何が正しい行動であるかについての議論はそもそも存在する必要がない。それは確定している。このモデルの古典的な事例は殺人の禁止である。誰かを殺すことは禁じられている。もうそう決まっているのだ。

誰かがそのように主張する場合、そこには常に二つの問いが生じる。一つは、こうした普遍妥当的な原則はどこから来るのか。そして二つ目は、それらはどのように認識されうるのかということである。多くの人々は、完全に定められた原則は神に由来し、すでに自然界において認識されうると言う。

そしてさらに、十戒は、それを知るために神を知ることが絶対に必要だというようなものではないと言う。なぜなら、十戒は普遍的に誰でも納得できるものであり、したがって理性的なものだからである。人はしばしばこの種の主張を「心情倫理（Gesinnungsethik）」とも名づける。なぜなら、この立場で最初に問われることは、私の行動はどのような結果をもたらすかではなく、どのような原則に従って私は行動しているかということになるからである。

もう一つの［第二の］モデルは、この倫理的な判断の形態とはまったく反対のものである。それは「責任倫理（Verantwortungsethik）」と呼ばれる。決定的なものはここでは何らかの原則ではなく、「私の行動は何をもたらすか」という問いが前面に出る。何か善いことが意図されているかどうかはここでは重要ではない。重要なことは、私の行動の結果が善いか悪いか、益となるか害となるかである。それ故この立場では、私は従来の原則に自分を委ねることはできず、私の行動がもたらすものを常に問わねばならず、その結果に対しても責任を取らねばならない。

このモデルの長所は疑いもなく、それがただ倫理的な原則を考えているのではなく、より長い時間の経過に深く関与しているという点にある。この立場では、私はただ単に定められた規範に従って行動することはできず、よく熟考し決断しなければならない。責任倫理には求められるものもより大きい。しかしそれはまた、場合によって人間に過剰な要求をしていないかどうかも問われるべきである。なぜなら、人は必ずしも常に行動の結果を見通すことができないからである。もし私が特定の意図から結果として生じるものを知らないとしたら、私は何をしたらよいのだろう。

ここで非常に大ざっぱに、また一般的に素描した二つのモデルは、根本的な問題を示唆していると言えるだろう。もし私がキリスト者として善いことを行うべき事柄が、外から私に前もって与えられるとすれば、その結果、私は単純に善い戒めに従うことができるようになるのだろうか。それとも、ただ私だけが自分で自分の行動の結果を評定することができるので、私がキリスト者として行うべきことはむしろ、私は何を正しい行いとして認識しているかを問うことなのだろうか。もっと簡潔に表現すれば、神は何をなすべきかを私に語る方なのだろうか。それとも、私は自分の理性で、何が正しいかを自ら判断しなければならないのだろうか。

感謝

問64　この教えは人間を無責任にし、良心をなくさせませんか。
答　そんなことはありません。まことの信仰によってキリストに接ぎ木された人間が、感謝の実を結ばないことはありえないからです。

ハイデルベルク信仰問答は、キリスト教的行動の根本的な問いをめぐって独自の道を歩む。一方で明らかに問答書は、善き業を義認から絶対に切り離さないマルティン・ルターの警告を受け入れる。

しかし他方で、善き業についての数多くの聖書的な陳述を無視せず、両者を結び合わせる。その際鍵となる考えは「感謝」の概念である。問64はまずルターに近い表現を用いる。ルターは、「良い木は良い実を結ぶ。それ故、善き業はいわばごく自然にキリスト者のものになっている」と語った。この考え方はハイデルベルク信仰問答の中に、「実を結ばないことはありえません」という表現で受け入れられている。キリスト者なら、神に喜ばれる生活をしたいと願っている。それは神学的に見ても当然のことである。しかしすでにここには、問答書の第三部の表題として重要な役割を果たしている概念「感謝」が導入されている。問答書はこのテーマに四四の問いと答えを割いている。この事実はその主題の重要性を明らかにしている。

問86　私たちは自分の悲惨さから、まったく自分の功績もなく、恵みにより、キリストによって贖われているのに、なぜなお善き業をすべきなのでしょうか。

答　キリストは私たちをその血潮によって贖い、さらに聖霊によって彼の似姿へと新たにしてくださるが故に、私たちは善き業をすべきなのです。それは、私たちが、全生涯にわたって、その憐れみに対して神に感謝していることを示し、私たちによって神がほめ称えられるためです。こうして私たちはまた、自分自身の内に信仰があるのを、その実から確信するようになり、神に喜んでいただく生活をもって、私たちの隣人をもキリストに導くのです。

基本的な神学的主張は問答書の根本思想を取り入れており、見事な一貫性を示している。出発点は人間が義とされること、すなわち、キリスト者はイエス・キリストの代理的な死と復活を通して新しい人間になったということである。それによって人間は神の似姿性を取り戻した。それが聖霊によって人間に贈り物として与えられた信仰である。ところで、問答書はここで似姿性を取り戻すに至る聖書的な根拠に関して言えば、かつて似姿性を喪失した時よりも、より確かな道の上にいることを知っている。(1) 新約聖書は神の似姿としてのイエス・キリストについて語る。キリスト者はその似姿へと変えられていくのである。(2) 信仰の現実においては、キリスト者は新しい人間として神との一致において生きる。しかしこの世にあっては、キリスト者はまったくそうではなく、何度も神関係からの疎外を経験する。キリスト者といえども、ただ単に愛する者としてではなく、神と隣人に敬意を払わない者としても生きており、それ故、正しい人間としてではなく、公共の利益より私益を好む人間として生きている。しかし目標は今や前方にある。一つの運動が新しい人間から出発しているのであり、もはや古い人間には拘泥しない。そのことを問答書は「新生」と呼んでいる。では、古い人間が生まれ変わるというこの新生はどのように起こるのだろう。新生は、私たちが「その憐れみに対して神に感謝していることを示す」ことによって起こる。

その場合、以下のことが問われてくる。果たしてこの感謝は、いつも元に戻ってキリスト者の行動をそのつど基礎づけるものとして理解されるべきなのだろうか。もしそうなら、自分に対してもさらには世間に対しても自分の行いを「キリスト教的なもの」として資格づけるために、私は感謝しているかどうかを基準に、自分の観念の中で善き業一つひとつに自分でお墨付きを与えるということになるし、そうせざるをえなくなるだろう。しかしそんなことが問答書の目的ではない。それは知的な自意識過剰になるだろう。問答書は、神の戒めにおける生の方向づけを他律による自己疎外としてではなく、生の成就として理解するような人生のプロセスを視野に入れている。したがって、キリスト教的な振る舞いをたえず新たに基礎づけることが必要なのではなく、戒めを、感謝に生きるための支えとして理解することが必要なのである。その際問答書は、「どんな聖人でさえ、この世にある限り、ほんのわずかな始まりにおいて」（問114）戒めに従うという仕方でしか生きられないことを、実によく知っている。

行動に基づいた確かさ？

今引用した問86の表現の一つは誤解を与えるきっかけとなり、問題のある影響を及ぼすことになった。「こうして私たちはまた、自分自身の内に信仰があるのを、その実から確信するようになり……」。果たしてこの文章は、人はキリスト者としての行動から信仰を導き出す推論を行うことができるということを意味しているのだろうか。そして信仰はまさに神の贈り物なので、そこから私は神に選ばれているに違いないと推論できるのだろうか。「実践的三段論法（syllogismus practicus）」として知られるようになったこの考え方は、すでにルターにも見出せるのだが、たいていは特に改革派の領域で主張されてきた。そしてそれは、場合によって、神の祝福を外面的な特徴に基づいて認識することができるという考えに至ることもあった。すなわち、キリスト者の善き業、それどころか多くの仕事を通して手に入れたこの世の幸福な状態を見れば、祝福されているかどうかが分かるというのである。そこで、たくさん働くことがこれまで多くの点でキリスト教的な徳と見られてきたし、今も見られているのである。しかしおそらく問答書が考えているのは、もっと単純なことである。神が人間の心を動かすなら、明らかに見て取れる影響や変化が彼らの身に生じるということである。そしてその場合うまく行けば、その人の生き方がほかの人々にとって信仰へと招く証しになるだろうということである。問答書はそのすべてを、その人自身の功績とは見ず、むしろ神の行動がもたらす作用に対する信頼において見ている。神は、神ご自身が信仰を与えた者がこの世で作用を及ぼさないではすまないように配慮しておられる。問答書の文章表現が実践的三段論法に陥っているとそれでもなお批判するなら、それは少なくとも誤解に基づいていると言わざるをえないだろう。

神の良き律法を喜び楽しむこと

ハイデルベルク信仰問答の解釈によれば、教会とすべてのキリスト者が神の律法を善き業の土台として用いることによって、感謝が表される。

この律法の理解はすでに、戒めにおいては、ただ人がそれを満たしえないことを認識できるという理解では不十分であることを原則的に明らかにしている。なぜなら新約聖書は、実にさまざまな章句において善き業について語っており、律法もまた、単に私たちができないということをありありと見させる意味しか持たないということではないからである。愛の二重の戒めは、旧約聖書の律法の解消としてではなく、その要約と先鋭化として理解されるべきである。したがって、律法もまた「道案内」として理解されるべきである。それが、律法や戒めを表すヘブライ語「トーラー」の訳である。目標はそれ故、異質な他律的戒律を守り、それによって自らを自分から遠ざけて生きることにはない。そうではなく、自分自身を、まさに道案内に従う時にこそ本来的に生きている者として認識し理解することにある。

問90　新しい人間の復活とはどのような意味ですか。
答　キリストにより神を心から喜び、神の御心に従ってあらゆる善き業に生きたいと欲し、それを愛することです。

ここで問答書が律法を積極的に解釈しようと顧慮しているにしても、問答書の中の喜び、意欲、愛といった感情を表現する言葉は私たちを驚かせる。それは自己疎外でも、また理性必然的な義務の履行でもなく、自らの内から自然に出てくるものを語っているかのように聞こえる。そうなると、そもそも律法の積極的な解釈など断念した方がよいということにならないだろうか。なぜなら、外面的な戒めの履行はまさに問答書の意図する事柄とは違うからである。しかし、こうした反論が前提していることは、律法は常に内側から来るものとしてではなく、それ故自己展開を制約するものとして理解されているということである。問答書は、律法に対する意欲ということを指示することによって、神の戒めに原則として伴っている自由へと解き放つ次元を示唆しようとしている。なぜなら、律法は人間へと身を向けられる神の戒めであるが故に、奴隷にする戒律としてこれを理解してはならないからである。

したがって問答書が、たとえばルターの小教理問答がそうしているように、律法全体は十戒の第一戒に尽きるというようには受け止めなかったことは重要である。ルターの小教理問答ではただ「私は主、あなたの神である。あなたには私をおいてほかに神があってはならない」だけが強調されている。これに対してハイデルベルク信仰問答は、「私は主、あなたの神である。私はあなたをエジプトの国、奴隷の家から導き出した神である。あなたには私をおいてほかに神があってはならない」と表現する。エジプトからの解放への指示は、ただユダヤの民にだけ当てはまる示唆ではない。それはまた、戒めへの服従に対する人間のモチベーションを高めるために、ただ神の解放の出来事を想起させるものとしてだけ理解されるべきでもない。むしろそれは、その後に続く戒めがすべて解放という性格を帯びていることを特別に示すものである。だから人はそれを「一〇の偉大なる自由(3)」と呼ぶこともできるのである。

前の章と同じように、十戒についてのすべての解釈を詳細に検討することは本書の枠をはみ出てしまうので、ここではただ二つだけ、律法の解釈を簡潔に示すことにしよう。

物言わぬ偶像に代わる生きた説教

問98　聖画は教会の中で「信徒にとっての書物」として大目に見てもよいのではないでしょうか。

答　それは違います。なぜなら、神はキリスト教会を、物言わぬ偶像によってではなく、御言葉の生きた説教によって教え導こうとしておられます。私たちはその神よりも自分を賢い者と見なすべきではないからです。

偶像禁止の第二戒は、改革派教会の歴史とその形成において大きな役割を果たしている。今日までたいていの改革派教会には聖画がない。神を画像で表現することを合法と認めた七八七年のニケア公会議（Synode von Nicäa）の決定を自分の立場としている大半の教会とは違い、改革派教会は旧約聖書的―ユダヤ教的な伝統を継承し、第二戒を高く評価した。神を画像で描くことを支持する人々は、イエス・キリストにおける神の受肉の中に、神を描写することが許される根拠を見ている。神が人間になられたその人間は、描写可能な存在だからである。問答書は画像を持たないことそのものを理論的に基礎づけているのではなく、ただ戒めそれ自体を引用しているだけである。いずれにしてもそのことは、問答書が自らを弁護者の立場にいるとは見ていないことを明らかにしている。だからこそカール・バルトは、一九三五年の説教においてまったく一貫してこう問うた。

「それ故、私たちのルター派の兄弟たちに対しても、事あるごとに繰り返し次のように問うことを簡単に止めることはできないだろう。そもそもどのような許可をもって、あるいはどのような戒めに基づいて、人間の手によって造られた私たちの主にして救い主である方の像を、是が非でも祭壇の上に見たいと今もなお願うのかと[4]」。

ともあれ問答書は総じて、画像禁止の必要性を理性に照らして説明することはしていない。ではそのことで問答書は、事柄をあまりにも単純化しているのだろうか。その場合律法は、人がただ従うだけで、理解する必要のない外部から押しつけられた基準として機能していないだろうか。いずれにしても今日の人間にはおそらく、問答書の述べる理由ではもはや十分ではないだろう。そこで、画像禁止の持つ一定の意味が明らかにされねばならない。画像禁止は、神を一つの画像に固定してしまわないように守ってくれる。ミヒャエル・ヴァインリッヒは、聖書における画像禁止が、空間的に認識できるイメージに関わりがあることを指摘した。これに対して「言葉が喚起するイメージ」は、聖書にも疑いなく存在するし、必然的なものである。しかし言葉のイメージは解釈に余地を与えるものであり、決して神を固定させるものではない。(5) 中世の教会の中にしばしば見出される画像は、貧しき者たちの聖書(biblia pauperum)として理解されるものだが、問答書はそのような画像に反対する。その場合、問答書はこの考え方を取り入れているのである。結局教会にとって重要なことは、神は一つの画像に描かれた物言わぬ偶像の代わりに、生きた言葉を用いるということである。神から人間への運動は、生きた説教の中で明らかになる。なぜなら、それは語りかけだからである。これに対して画像は静止しており、それ故、まさに神を固定するに至るほかないのである。

この点を強調することによって問答書は、少なくとも第二戒の遵守を、ただ画像のない殺風景な教会の存在をもって確証する改革派の伝統よりも、さらに先に進む明らかな一歩を踏み出している。この戒めの背後には常に一つの要求があるからである。もし生きた説教が人生の道案内としても理解されるなら、説教者は神学教育において、また会衆全体も一般教育において、必要最小限のものがいるからである。画像禁止を支持する者は、そのことで同時に教会形成に深く参与していることになる。説教は理解されることを欲しており、理解されなければならない。そして同時に説教は、聖書と神と自分自身を一層よく理解することを目指している。プロテスタント教会は初めから、キリスト教の教えだけでなく一般的な教育を、宗教改革以来の本質的な課題としてその旗印に掲げてきた。プロテスタント教会は多くの学校を創立し、すべての人々のための教育を要求したし、すべてのキリスト者が成長するようにと、たとえば信仰問答を通してこれを強化したのである。ただし特に信仰問答教育に関して、ここでドイツの教会の現状把握を詳しく記すことはできない。信仰問答教育は必要不可欠なものだが、なお不足していると記すにとどめる。

殺してはならない

問107 もし私たちが隣人を殺害しなければ、この律法をすでに満たしたことになるのでしょうか。

答 そうではありません。神は妬みや憎しみ、怒りを断罪することによって、私たちが隣人を自分自身と同様に愛し、忍耐と平和、柔和と憐れみ、友情を隣人に示し、できる限り隣人に危害を加えることを避け、私たちの敵にも善を行うように望んでおられます。

ハイデルベルク信仰問答の数え方で第六戒は、殺人の禁止である。イエスは山上の説教において旧約聖書を先鋭化したが、問答書はこれを受け、第六戒をこの先鋭化された考え方へと拡大した。ののしること、憎むこと、侮辱することをも（問105）、妬み、憎しみ、怒り、そして復讐心と同様に（問

106）、殺害するという事柄のもとで理解している。ここには画像禁止の場合と同様、どれほどキリスト者の生活を形成するという課題が律法本来の意図であるかが、さらにはっきり見て取れる。決定的なことはすなわち、どこまで守れば戒めは満たされたことになるのかというような、どこまでも小事にこだわる態度で理解されるべき問いではない。小事にこだわる問いかけは、どこかに抜け穴がないか探ろうと、いわば使い古しの網の目を凝視している。律法はそんなことを目指しているのではない。そうではなく、社会のあらゆる領域における平和で信頼に満ちた共存を目指している。殺害の禁止は隣人愛において具体的になる。そしてこのことは、隣人に危害を加えないように努めることと同様に、忍耐、平和、柔和、憐れみ、友情を通して具体的になる。殺害の禁止はそれ故、この世の生活において神の行動にふさわしくあるようにという明白な要求である。なぜなら、ここに挙げられているすべての概念を神の行動から理解することはむずかしいことではないからである。神の忍耐は人間関係における振る舞い方にとっての基準である。ここに示されていることは、神の忍耐は単に他者を放っておいて、通り過ぎるのを待つということを意味するのではなく、忍耐は隣人に対する積極的な自己関与を含意しているということである。そして同時に明らかなことは、神の戒めを真剣に受け止めることとは、他者を思いやる多くの想像力を要求し、それを自在に駆使することなのだということである。

ところで、問答書においてこの箇所［問105］でだけ国家の使命が明示的に主題化されているということには、はっとさせられる。「それ故、国家もまた、その法的秩序によって殺害を防ぐ使命を持っている」。そう新版の言葉はなっている。古い版ではこうなっている。「それ故、官憲は、殺害を防ぐために剣を帯びている」（問105）。旧版はおそらく、国家の限界づけを視野に入れていることをより明確にしている。国家はただ暴力を阻止するためにだけ、権力を独占している。あるいは現代的な用語で言えば、目標は正義を伴う平和である。暴力そのものは断じて合法化されえないからである。

律法は、自分で責任をもって生きる助けである

最初に言及した選択肢、すなわち外から規制する仕方で特定の行動を私たちに強要する律法が大事か、それとも、それをもって正しい行動の理由がどこにあるかを自分で繰り返し新たに判断しなければならない理性が大事かという選択肢に対して、ハイデルベルク信仰問答はどちらにも賛同しない。問答書は、神の律法と自分の理性との間に何の矛盾も見ていない。

問115　もしこの世の生涯において誰も十戒を守ることができないのなら、なぜ神は私たちに十戒を説教することを強く迫るのでしょうか。

答　第一に、私たちは全生涯の間、私たちの罪深い性質を、時と共にそれだけ一層認識し、より一層熱心にキリストにおける罪の赦しと義を求めるべきだからです。第二に、私たちはたゆみなく励み、私たちがこの世の生を終わった後、完全性の目標に

到達するまで、時と共にそれだけ一層神の似姿へと新たにされるように、聖霊の恵みを神に祈り求めるべきだからです。

まず最初に注目されるべきことは、律法が解釈される場合でも、決められた行動が指示される具体的状況には言及していないということである。したがって十戒は、そしてまたより多くの場合に愛の二重の戒めは、神の御心に即した態度が形成されるべき方向を明示している。この生の形成は常に個々人と教会によって状況に関連した仕方でなされる。明らかなことは、神への愛と隣人への愛を行使する上で、それがキリスト教信仰の視点から見て理に適っているということである。なぜなら、神ご自身がそのように行動されたからである。

第二に注目されるべきことは、問答書が先の問90で、神の意志に従って善き業を行いたいと願う意欲について語っていることである。意欲はここで単に、場合によって生じるかもしれない心情を意味しているのではなく、神の律法に対する喜びに焦点を当てている。ユダヤ人は「シムシャット・トーラー（律法の喜び）」という祭りを知っている。それは喜びに溢れ、大はしゃぎで祝われる。律法は自己疎外や他律的な強制としてではなく、福音においてすでに実現した新しい生の現実への喜ばしい同意と、助けに満ちた道案内として理解されるべきなのである。

そして最後に、その歩みは、キリスト者なら誰でも進むことのできる新しい生への道における小さな一歩以上のものではないことを問答書も知っている。確かに問答書は、小さくとも逆戻りすることのない進歩というものがありうることを考えている。しかしたとえそうだとしても、それは始まり以上のものではない。

しかし同時にこの小さな始まりは、より大きな地平においても理解されなければならない。すなわちそれはすでに自らを超えて、この世の生では到達されえない目標を指し示しているのである。

第14章
希望――神の将来を今日信頼すること

気休めか慰めか

ハイデルベルク信仰問答は第1問ですぐに、キリスト教の歴史上うさん臭く見られてきた言葉、「慰め」をもって始めている。「生きる時も死ぬ時も、あなたの唯一の慰めは何ですか」と。キリスト教信仰はしばしば安易な気休めを与える宗教だと見られてきた。その場合の決定的な使信は、いかにその使信がこの地上で達せられるか、ないし達せられるべきかということではなかった。未来の世界こそ期待されているものであり、重要なのは彼岸にしてパラダイス（天国）なのである。つまり、いかにより良い世界を形成してゆくかという課題が中心ではなく、後世の埋め合わせ、おそらく今ここで受けている不正や苦難に対する彼岸の埋め合わせへの期待が中心なのである。しばしば――たとえばカール・マルクスによって――強調されてきたことは、そのような気休めを彼岸に投影することは、地上の不正義に関して、まさしく怒りをなだめるように作用することがありうるということである。宗教では、此岸的なものすべてがただ暫定的なものと見なされるからである。いやそれどころか往々にして、天国が不正義の埋め合わせとして受け止められた結果、この世で最も苦しんでいる者こそ、あの世で最善のものを持つようになると思われたのである。そのような場合、未来の彼岸についての使信は気休めにもなりうる。より正確に言えば、気休めとして誤用される。もし未来の完成の期待がもはや世界を活動的に形成しようとはしないことへと導き、この世からの隠遁へと至るなら、慰めは気休めに変わるからである。しかしここまでハイデルベルク信仰問答を読み進めてきた者は、こうした見方を問答書に押しつけるなど考えも及ばないだろう。今述べた見方とは異なり、問答書は来たるべき「完璧な」世界を指示することで終わらず、この地上において正しい生の諸関係を求める祈りをもって終わっている。

宗教改革時代の生活感情としての不安

特にマルティン・ルターの歩みを見ると、どれほど将来の神の裁きに対する不安が彼の人生を規定し、時々刻々苛《さいな》むものであったかがよく分かる。来たるべき神の審判に耐えられないのではないかという大きな心配は、一般の人々をも支配していた。ひょっとして告解を忘れたかもしれない罪の数々が、否定的な要素として決定的に重くのしかかってきたからである。現世で罪の埋め合わせをするために、死者のためのミサが多く行われた。免罪符（贖宥状）販売も、まさに現世においてすでにそれを実感できる仕方で赦罪の免状を購入することができるという理由から、きわめて広範囲にその影響力を拡大していった。社会的に重大な結果をもたらしたのは、自分は天国に行けないかもしれないという目の前の不安だった。あるいはより正確に言えば、神の審判に及第することができず、断罪されるかもしれないという不安だった。だから来たるべき神の世界についての教理、すなわち最後の審判の教理は、多くの人々にとって何ら「喜ばしい使信」ではなく、むしろ「脅しの使信」だったのである。

宗教改革は、神はただ恵みによって救ってくださるということ、キリスト者の行動が天国に到達するための功績として理解されてはならないということを強調することによって、脅しの裁きに対する不安を取り除こうとした。神はイエス・キリストにおいて恵み深い方であり、それはただ信仰によって認識し、受け止めることができる。そう宗教改革の神学は繰り返し主張する。しかしそれは、死の様において姿を現す、彼岸の生を脅かす罪の意識に訴える仕方でなされた。そこでしばしばこう問われることにもなった。恵みを強調する宗教改革の神学全体は、この未来の不安によって特徴づけられる一つの世界像に負っている（そしておそらくそれに縛られている）ままではないのかということである。もしそうであれば、当然次のように問われることは一貫していると言えるだろう。すなわち、義認の使信も時代の制約を受けたままではないのかと。宗教改革的神学の帰結は、いずれにしても不安からの脱却であり、それに伴う黙示思想的な見方の相対化である。

「終末論の事務所は大抵閉まっている」

宗教改革を起こす前、どこまでマルティン・ルター自身が、切迫する世の破滅の期待によって特徴づけられる世界理解に依然として縛られていたかについては、大いに議論されている。この点は論争中であるとしても、全体として見れば、終末論的な見方が次第にわずかしか記述されなくなったことは、宗教改革の影響として特徴づけられるだろう。確かに、一八世紀以来、敬虔主義（とりわけヴュルテンベルクの敬虔主義）の中には、強力に千年王国説的な主張をする神学が存在したし、今でも存在する。それは、一〇〇〇年間続くキリストの支配の切迫感によって規定されたものである。とはいえこの考え方は、教会の中に広く普及することはなかった。少なくとも神学においてはそうだった。だから二〇世紀の初めにエルンスト・トレルチは、機知に富む仕方で、しかも的確にこう記すことができた。「今日、終末論の事務所は大抵閉まっている」[1]と。そのことで表現されているのは、世界の歴史への神の介入の期待（人はそれを宇宙的終末論と呼ぶ）は、神学において論述されることがますます少なくなったということである。確かにたいていの神学者は引き続き、いわゆる個人的な終末論を念頭に置いたし、それ故人間の死をもって万事休すというわけではないことを考慮していた。とはいえこの考え方でさえ、ほとんどの神学者にとって中心的なものではなかった。それどころか、神学者にして医者であったアルベルト・シュヴァイツァーはこう主張した。イエスは自分の抱く御国接近の期待に完全に失望した。だから私たちはキリスト教信仰において、この考え方から離れるべきであると。

その後危機的な時代を迎えると、神学的状況にもかなりの変化が見られた。第一次世界大戦が終わってから、地上における神の国の建設に際して単に人間の協働を強調するのではなく、世界の根本的な変革をただひとえに神の終末論的介入の中に見る人々の声が高まっていった。もちろん反対の声もまったくなかったわけではないが、それ以来、将来の神の到来の意義についての省察が、ドイツ語圏のプロテスタント神学を占有するようになったのである。

気休めか展望か

というのも、一つの神学的に根本的な問いが、究極的な神の到来についての省察全体の関心事だからである。すなわち、もし神が――ヨハネの黙示録で言われるように――もはや地上で涙が流されることはないだろうというようにこの世を慰めるのだとしたら、その時、今この世で全力を賭けて不正と戦うことになお価値があるのだろうか。神の到来に対して現実主義的に備えをし、それを祈り求めることには意味がないのではないか。その場合、この世を形成しようとするあらゆる努力は、キリスト教の側から見ると、余計なことにならないだろうか。今日でもなおそう考えて、民主主義的な選挙にさえ参加しない教会の分派が存在する。なぜなら、彼らにとってこの世を改革しようとすることは、すでにこの世を最終的なものと見なすことを含んでいるからである。

他方で（ひょっとしてルターに由来するのではないかもしれないが）、たとえ明日世界が終わろうとも、私はりんごの木を植えるという言葉が存在する。ジャン・カルヴァンの神学も神の介入の強い期待によって特徴づけられており、したがってこの世の困窮を特にはなはだしいものと見なしている。カルヴァンにとってこの世についてのこうした判断は、来たるべき世の無限の栄光の表現である。来たるべき世の栄光に対して、この世ではすべてがただ陰鬱なものである。けれども注目すべきことにカルヴァンにおいては、神の到来する世界への強い期待は、教会と世界の現状を形成する課題に関して、受け身の形で平行して現れるものではない。むしろ世界を包括するこの展望は、不完全な被造世界を肯定し、なおそれを形成する勇気と力を彼に与えている。

さて、二一世紀に入った今、改めてこう問うべきだろう。近づきつつある世界の終わりを期待していた時代に書かれたテキスト、それ故、地上の諸現実に固着している現代の世界とはまるでかけ離れた時代に書かれたテキストは、果たして私たちに、永遠についてよく考えるためのきっかけを与えることができるのだろうか。

歴史の二つの出口

まず確かめられることは、将来の事物についての教理が問答書の中心的な位置に置かれてはいないということである。確かにこのテーマに対しては、それ独自の問いと答えはほとんど割かれていない。ただ使徒信条がキリストの再臨について語るところでだけ、少し詳しく触れられているにすぎない。

問20　あらゆる人間がアダムを通して失われたように、あらゆる人間が今度はキリストを通して救われるのですか。

答　いいえ、ただ、まことの信仰によってキリストの体にその一員として加えられ、すべてのキリストの恵みの賜物を受ける者たちだけです。

問52　生きる者と死んだ者とを裁くためのキリストの再臨は、どのようにあなたを慰めるのですか。

答　……この方はご自分のすべての敵を、それ故私の敵でもある者たちを、永遠の断罪に投げ込まれるでしょう。

今述べたことは、終末論が重要ではなかったことを意味するのだろうか。そのように言うことはできない。なぜなら、未来の生の期待はまるで自明であるかのように、繰り返し言及されているからである。とはいえ、神における未来の生の期待は、すべての者に当てはまるのではない。ハイデルベルク信仰問答は歴史の二つの出口ということから出発しているからである。ある者たちは最後の審判で救われるが、ほかの者たちはそうではない。明らかに見て取れることは、信仰が贈り物として与えられた者は、決して滅びないということである。ここにあるのは、すでに問答書のほかの箇所にも見られる、宗教改革全体にとって重要な予定の教理である。それによれば、人間は自発的に信じることができるのではなく、神との関係が彼らに贈り物として与えられるのである。ただし――このことが問答書にとって重要なのだが――信仰は受動性に導くのではない。「受け入れること」が示しているのは、問答書がマリオネットとしての人間から出発しているのではないということである。ただ信じる者だけが天国を受け継ぐことになる。神の敵はそうはならない。明確に誰がそうであるかについて、問答書では明らかに説明されていない。少なくともそれは、信じていない人間である。ハイデルベルク信仰問答は、新約聖書においてもこの二つの出口が教えられていることを示すのに労をいとわない。たとえば、問52でも引用されているテサロニケの信徒への手紙一〔1・10〕の聖句がそれを示している。

とはいえ、問答書の引用するこれらの句に無条件で賛同することはできないだろう。なぜなら、確かに多くの聖書箇所が、ある者は救われ、他の者は断罪されると語っているということは正しい。しかし同時に見なければならないことは、同じように多くの聖書箇所が、失われたあらゆる人々の救いからも出発しているということである。そのようにコリントの信徒への手紙一15章22節には書いてある。「アダムによってすべての人が死ぬことになったように、キリストによってすべての人が生かされることになるのです」。またローマの信徒への手紙11章32節にはこうある。「神はすべての人を不従順の状態に閉じ込められましたが、それは、すべての人を憐れむためだったのです」。ほかにもすぐ加えることのできるこれらのテキストの指示は、ハイデルベルク信仰問答が聖書の終末論的言明の広がり全体をそのまま受け入れずに、一面的な選択を企てたことを示している。私の見解によれば、聖書の中にさまざまな考え方があったとしても、その一つを取ってそのまま教義学的な言明に転用すべきではない。むしろ重要なことは緊張を保つことであり、その解決は当然のように自動的に与えられるものではない。ハイデルベルク信仰問答はここで、大部分のキリスト教的伝統のように、あらゆる聖書的言明を一つの考え方に還元しようと試みたのだが、その際すべての者にとっての希望という展望を見失っている。逆にキリスト教では、万人救済説を唯一のキリスト教的な待望の態度として補填しようとする試みも繰り返し現れた。この逆の事実を無視することもできない。この点で、ハイデルベルク信仰問答と同じようにどちらか一方に一面的に還元する方法は、警告されるべきなのである。

永遠

「永遠」という概念は、世間一般ではしばしば、時間が無制限に延長されることだと理解されている。決まり切ったキリスト教的特殊用語においては、そうした通念を超えて、「永遠」のもとで未来の世界を理解するか、ないし少なくとも死後の生を理解するという了解が定着した。此岸に位置づけられるものは永遠ではない。此岸ではあらゆるものが過ぎ去るからである。

ハイデルベルク信仰問答は二つの概念規定と完全に一致してはいない。そして興味深いことに、第一の理解［未来の世界］に比べ、明らかに第二の理解［死後の生］とはあまり一致していない。

問33　私たちも神の子どもたちであるのに、なぜイエス・キリストは「神の独り子」と呼ばれるのですか。

答　キリストだけが永遠の昔から、その本質に従って神の子どもなのです。私たちは、彼のおかげで、恵みによって神の子どもたちとして受け入れられているのです。

問103　第四戒［安息日の遵守］において、神は何を望んでおられるのですか。

答　……そのように私は永遠の安息をすでにこの世の生において始めています。

問答書は多くの仕方で神を永遠なものとして述べている。神は永遠の父であり、キリストと聖霊は永遠の昔から神である。では永遠はここで単純に初めに遡っても、また終わりに向かっても、時間の延長として理解されるべきなのだろうか。それでは単に神とは常に今そうある方だということになる。神は生成しない。人間や被造物全体が生成してきたのと同じではない。そこで次の問いが生じてくる。時間それ自体は造られた事物に属するのか、それともそうではないのか。近代に入ってから時間理解について初めて集中的に議論されるようになったこの問いは、問答書それ自体には明白な仕方では現れていない。少なくとも問79［永遠の命に至るパンとぶどう酒］では、時間的な生と永遠の生の対立について語られている。私たちはその特質をこれから明らかにすることができるだろう。永遠は、単に無限へと引き延ばされる時間の延長ではないし、それでもって量的に理解されうるものでもない。そうではなく、「永遠」はむしろ質的な次元であり、それによって神ご自身が指し示されているのである。

この根本的な考え方に対応するのは、永遠はただ未来との関連で理解されるべきものではないということである。問答書は永遠の命の現在についてもまた繰り返し語る時、特にヨハネによる福音書の考え方を受け入れている。信じる者は、ただ死後の永遠の命を待ち望むのではなく、すでに今永遠の命を過ごしている。そこでは死はもはや最後の限界を表現してはいない。永遠の命はそれ故、信じる者にとってすでにここで始まっている。

ただし、私たちはここでも言わなければならないだろう。問答書は永遠という概念において、常に完全に明瞭であるとは限らない。問答書にとって、天国を得ないことになる者たちの断罪もまた永遠であるとされるからである。ここで永遠は、断罪についての量的な表明ではなく、せいぜい判定が神的であるというその質を示唆している。

魂の不死？　否、復活の希望

多くのプロテスタントの陣営でも、人間は死せる体と不死なる魂からできており、死に際して魂は天国に昇るか、神のもとに帰るというように、ギリシア哲学に由来する理論が教えられることは珍しいことではない。しかしこの考えは、旧約にしろ新約にしろ、聖書には含まれていない。聖書では徹頭徹尾人間は死せるものとして理解されるからである。旧約聖書が成立していく過程でも、その後の新約聖書の中心においても、確かに死後の存在への期待が明らかに存在する。死人の中からの復活に希望が懸けられているからである。中世の教会は遅くとも、アリストテレスのギリシア哲学を非常に熱心に取り込んだトマス・アクィナスの神学によって、不死の魂の考えを受け入れた。それは今日に至るまでローマ・カトリックの敬虔と神学を特徴づけている。宗教改革者たちは時折この不死性の考えの残滓を保持していた（たとえばルターもカルヴァンも）。たとえそれらが明らかに解釈し直されているにしても、その残滓は残っている。私たちのハイデルベルク信仰問答はこの点で、たとえばカルヴァンよりもずっと明快である。

問45　キリストの復活は私たちにとってどんな益がありますか。
答　第一に、キリストは復活によって死を克服しました。私たちを義に与らせるためです。この義をキリストは死によって勝ち取ってくださったのです。
第二に、キリストの力によって私たちもまた、すでに今新しい命に目覚めさせられています。
第三に、キリストの復活は私たちにとって、私たちの祝福された復活の信頼できる担保なのです。

それほど頻繁に登場することはないが、この魂の概念には、ほとんど至るところで体の概念が伴っている。人間は体と魂である。体は外面的なものを強調する傾向にあり、魂は人間の内面性をより多く強調する傾向にある。そして両方とも永遠の断罪に脅かされている。つまり脅かされているのは人間全体なのである。しかし、まさに復活の希望が主題化されている章句では、体とか魂とかいった概念はまったく出てこない。「魂」に関しての沈黙はここで非常に多くを物語っている。というのは、問答書は結局人間を体と魂に分けることなど毛頭考えていないからである。むしろ人間は全体で体であり、かつ全体で魂である。それは何ら自然哲学的な思弁ではなく、問45から読み取れるように、イエス・キリストの復活に基づく希望なのである。別様に言えば、人間の未来について語ることのできる事柄は人間自身の中に見出すことはできず、方向を切り替えるポイントは、ハイデルベルク信仰問答にとってイエス・キリストの道である。キリストの復活は、彼の死の救済の働きを明瞭にする。すなわち、私たちは彼にあって新しい人間になる。この新しい創造は、なるほど世のために起こり、おそらく私たちにも見えないものであるが、しかし古い人間、それ故この世にある私たちに対して影響力を持っている。そして最終的にキリストの復活は、死が最後の言葉ではないことの唯一の保証である。不死の魂はここではまったく言及されていない。世が過ぎ行くことを見抜くことのできる根拠は、結局のところ人間それ自身の中には何も見出せないのである。

やがて到来する方はすでに到来した方である

ハイデルベルク信仰問答は、未来の世界に関して特別な発言力を持っているわけではない。実際に提示されているのはごくわずかな指示にすぎない。すなわち、イエス・キリストが甦った以上、死が最後の言葉ではないということである。未来の本質は神との交わりの中にあり、そこには永遠の至福があるだろう。そして救われた者は神と共に支配する。それ故、それは何ら受け身の状態ではなく、むしろ活動的な生命力が約束されているのである。そこではすべてが完成され、喜びが生命を規定する。それ以上の陳述は問答書には見出されない。新約聖書のヨハネの黙示録に描かれたイメージ（たとえば新しいエルサレム）が説き明かされることも、取り上げられることもない。

問52　生きる者と死んだ者とを裁くためのキリストの再臨は、あなたをどのように慰めるのですか。

答　私があらゆる患難や迫害の中にも頭を上げて、かつて私のために神の裁きにご自身を差し出し、すべての呪いを私から取り除いてくださったその裁き主が天から来られるのを待ち望むことができます。この方はご自分のすべての敵を、それ故私の敵でもある者たちを、永遠の断罪の中に投げ込まれるでしょう。けれども私を、あらゆる選ばれた者たちと一緒に、ご自分のもとに召し、天の喜びと栄光のうちに入れてくださるのです。

キリスト教では、迫り来る世界の滅亡や世界審判への大きな不安が支配的になったり、あるいは非常に具体的な未来期待が優勢になる時期が何度もあった。ハイデルベルク信仰問答はこの点ではかなり冷静である。あくまで聖書的だからである。将来がもたらすものの中心にあるのは、結局ただ一つの終末論的な言表である。それは、イエス・キリストが再び来られるということである。到来する審判者は到来した方と別の方ではない。私たちとこの世界の目の前に迫っているものは、ヴァルター・

クレックの本のタイトルをもって言えば、「すでに到来した方の来るべき到来[2]」と呼ばれるべきものである。それ故、最終的にイエス・キリストにおける恵み深い裁きについて、その秘義の覆いが取り除かれることを期待することができる。つまり、裁きが救いを意味するということである。したがってハイデルベルク信仰問答にとって、世界の審判についてのすべての語りは、イエス・キリストの歴史と競合して、あるいはそれを凌駕する仕方でなされることはありえない。なぜなら、まさに恵み深い審判者が義を宣告するのであり、義とするからである。

新約聖書においてすでに興味を引く問いは、信仰者の復活とキリストの再臨との時間的な関係をめぐる問いである。信仰者の復活はすでに再臨前に起こるのだろうか、それともその時が来て初めて起こるのだろうか。その時初めてなら、死んだ者に何が起こるのだろう。あるいは（ルターはそう考え、カルヴァンはそれを強く否定したのだが）魂の眠りというものが存在するのだろうか。問答書にはそれについて何も記されていない。キリストが甦った以上、死んだ者も甦るだろう。キリストの再臨に際して、そのことが明らかになるだろう。ここでも、それ以上語らないことがかえって説得力を持つ。

頭を上げて、前喜びを抱きつつ希望する

すでにハイデルベルク信仰問答の第1問に登場していた概念は「慰め」である。そして今言及し

ている問52においても重要となる問いは、イエス・キリストの再臨への希望はどのようにあなたを慰めますかというものである。この慰めはしかし、断じて気休めとして理解されるべきものではない。「頭を上げて」という注目を引く印象深い概念は、そのことを明確にしている。神の未来に信頼を置く者は、この世に身を隠さざるをえないいくじなしではない。むしろまっすぐに上げた頭は、キリスト者が背筋を伸ばしてまっすぐ歩く様子を示している。そのように理解すべきである。最終的に立ち上がらせる力は人間の手中にはないという前提から出発する者は、人間的な支配の相対性をはっきり知ることができ、力を持った個人や制度に対して異議申し立てをする、いわば原則的な可能性といったものを身につけることができる。異議申し立てないし反抗の持つこの原則的な可能性は（問答書自身は表現していないが）、信仰者がこの世の現存する諸秩序から離れることができるということを意味するのではない。問答書の特徴はむしろ、一貫して世界を形成することへの積極的な責任性にある。それも頭をまっすぐに上げて行うのである。キリスト者の視線はさらに先を見つめている。キリスト者が期待しているのは大いなる喜びである。大いなる喜びへの期待は楽しみに待つ前喜びの思いを増大させる。この前喜びはすでに今ここでの生に浸透することがありうる。新しい生はその光を現在に投げかける。それはすでに今ここで始まっている。神学には将来的終末論と現在的終末論の区別が存在する。まだ最後のものとして来ていないものは将来的であるが、この世に神が働きかけていることは現在的である。ハイデルベルク信仰問答は両者を分離せず、一緒に結びつけて保持しようとしている。

シンガー・ソングライターのマンフレート・ジーバルトはかつてある曲の中で的確にこう述べたことがある。特に現状に満足している国の多くのキリスト者は、イエス・キリストの到来への願いを口にすることにあまり気乗りがしない。「私たちは大きな声で、主よ、再び来てくださいと祈る。しかし頭の中で小さくつぶやく。今はまだ結構ですと」(3)。こうした態度は、地上の現実がほとんどの生活願望を満たしているように見える場所で特に現れる。そこでは場合によって今の世界の特権が廃棄されかねないので、完全な世界への憧れは背後に退いてしまうことも起こりうる。しかし、そうした考えは特に物質的な事物に囚われていることを示している。それは、富める国々にも存在する不正義をうやむやにしてしまう。まさに西洋の繁栄した社会の裏側に何があるかを知っている人々、また今目の前にある豊かさにもかかわらず、あるいは豊かさの故に、社会的な諸関係の貧困さをも知っている人々は、涙のない世界への希望を決して鎮静化としてではなく、むしろ権利を奪われた人々のその権利のために戦う動機を強め、勇気づけるものとして理解するだろう。

どのような人間の可能性も世界の救いのためには十分ではなく、ただ神だけが完成をもたらすことができるということを知りつつ、しかも同時にそれが現実主義的であるような知識というものがある。そのような考えは怠け者を作り出すのではなく、むしろ道を切り開くものである。

すでに今ここで

問58　永遠の命の約束はどのようにあなたを慰めますか。

答　すでに今、私は、永遠の喜びの初穂を心に感じています。この世が終わっても私は、目が見もせず、耳が聞きもせず、人の心に思い浮かびもしなかった完全な至福、すなわち神を永遠にほめ称えるという至福を得ることでしょう。

たとえハイデルベルク信仰問答が終末論的な章句を控え目に選択し、その頻度も抑え目に主張しているにしても、問答書は一貫して、この未来は信じる者の目の前にあるという現実主義的な基本的態度を貫いている。この未来はほかならない現在の中に働きかけているのである。地上の生は到来する栄光との関係において規定されている。ここで人は、問答書を規定しているのは否定的な陳述であると推量することがあるかもしれない。私たちはこの地上で人間どうしの平和を持たず、心には平安がなく、多くの涙を流しており、人間は皆他者を犠牲にして生きている。だが神の国においては、すべてがまったく違うものになるだろう。ひょっとして問答書はそう主張しているのではないだろうかと。確かに問答書はしばしばそうしてもいる。その場合でも問答書は、基本的態度に対して不誠実ではない。もっと詳しくその事情を明らかにしてくれるもう一つ別の言葉がある。それは「すでに」である。この言葉は、一時的で過ぎ行く時間が神の栄光に対して持つ関係を明確にしてくれる。「すでに」という言葉は問答書の中に何度も登場し、この世の人生はすでに到来するものの光の中にあることを明らかにしている。「すでに今」、心の中に前喜びがある。やがてそれはもっと大きなものになるだろう。あるいは安息日の戒めの解釈において、こう言われる。「そのように私はすでにこの人生において永遠の安息を始めています」（問103）と。

問答書にとって、此岸の生と彼岸の生との間には、単に非連続性があるだけでなく、連続性もある。しかし、この生の永続的な次元は「自然のものとして」特徴づけられるのではなく、十字架につけられ、復活したイエス・キリストが審判者であり、私たちの生は彼からこの連続性を受け取るのだという深い構造のおかげなのである。キリストがこの関係を樹立してくださった以上、私たちの生は永続的に彼との関係の中にある。

ハイデルベルク信仰問答によれば、神学はただこの関係の内部においてだけ意味深い仕方で遂行されうる。神学は生に奉仕するものであるが、その不完全な認識の故に、私たちの生の断片的な業という性格を持つ。しかしもし人間が栄光において神を「永遠にほめ称える」（問58）なら、その時地上にあっても不完全な仕方ではあるが、すでにそれは起こりうる。そして「マラナタ」、すなわち「主イエスよ、来てください」との呼びかけをもって聖書の最後の書は終える。この祈願は神の最高の頌栄である。それを満たすことが神にはおできになることを信頼しているからである。神学は、正しく理解されるなら、人が書物として机上に置くことのできる教理ではなく、思考しつつ讃美し祈ることへの手ほどきである。ハイデルベルク信仰問答は、反論されることを許し対話するからこそ、まさにその点で一片の範とするに足る神学なのである。

注

第1章

（1）以下の数値は「社会学の一般的な国民アンケート」（ALLBUS 2008）に拠る。GESIS - Leibniz-Institut für Sozialwissenschaften, Allbus 2008. Allgemeine Bevölkerungsumfrage der Sozialwissenschaften. Datenhandbuch 2008, Studien-Nr.4600, Köln 2009, 438.

（2）Karl Barth, Die christliche Lehre nach dem Heidelberger Katechismus, München 1949, 24.「ハイデルベルク信仰問答によるキリスト教的生活」『カール・バルト著作集9』井上良雄訳、新教出版社、一九七一年、三四八頁。

第2章

（1）たとえば、一五五九年のフランス信条や一五六〇年のスコットランド信条にはそれがある。

（2）第三部は問86から始まる。本書第13章を参照。

（3）これについては第3章を参照。

第3章

（1） Ambroise Bierce, Aus dem Wörterbuch des Teufels. Auswahl, Übersetzung und Nachwort von D.E. Zimmer, Frankfurt 1966, 42.『新編　悪魔の辞典』西川正身訳、岩波書店、一九八三年、一一五頁参照。

（2） Harry M. Kuitert, Ich habe meine Zweifel. Eine kritische Auslegung des christlichen Glaubens, Gütersloh 1993.

（3） Ders., Het algemeen betwijfeld christelijk geloof. Een herziening, Baarn/Niederlande 1992.

（4） K. Barth, Einführung in die evangelische Theologie, Zürich 1962, 83.「福音主義神学入門」『カール・バルト著作集10』加藤常昭訳、新教出版社、一九六九年、二八八頁参照。

（5） Kornelis Heiko Miskotte, De blijde wetenschap. Toelichting op de Heidelbergse Catechismus. Deel 1, Franeker o.J., 96ff.

（6） それについては第5章を参照されたい。

第4章

（1） Duden 7, Das Herkunftswörterbuch. Die Etymologie der deutschen Sprache, Mannheim 1963, 134.

第5章

（1） 第1章注（2）前掲書、三七一－三七二頁。

（2） Klaus Schwarzwäler, Die Wissenschaft von der Torheit. Evangelische Theologie im Schnittpunkt von christlichem Glauben und kritischer Vernunft, Stuttgart 1976.

（3） Martin Luther, Die Heidelberger Disputation, in: Martin Luther, Ausgewährte Werke, h. v. H. H. Borcherdt und G. Merz, München 1938, 131-145, hier: 140.『ルター著作集第一集第一巻』久米芳也訳、聖文舎、一九六四年、一一〇頁参照。

第6章

（1）「キリストを知ることは、彼の恩恵を知ることである（Hoc est Christum cognoscere beneficia eius cognoscere）」（Philipp Melanchton, Loci communes rerum theologicarum seu Hypothposes theologicae [1521], in: Melanchtons Werke in Auswahl [Studienausgabe] II,1, Gütersloh 1952, 7, 10-11).『宗教改革著作集4』伊藤勝啓訳、教文館、二〇〇三年、一七九頁参照。

（2）Vgl. Rudolf Bultmann, Das Verhältnis der urchristlichen Christusbotschaft zum historischen Jesus. Sitzungsberichte der Heidelberger Akademie der Wissenschaften, philosophisch-historische Klasse, Heidelberg 1960.

（3）Vgl. z.B. Martin Karrer, Jesus Christus im Neuen Testament, Göttingen 1998, 157.

（4）Johannes Calvin, Institutio Christianae Religionis III,6,5.『キリスト教綱要　改訳版　第3篇』渡辺信夫訳、新教出版社、二〇〇八年、一七二頁参照。

第7章

（1）「ルーテル教会世界連盟ヘルシンキ第四総会の使信」（一九六三年）第三項より。Beiträge zum theologischen Gespräch des Lutherischen Weltbundes, hg. von Erwin Wilkens, Berlin/Hamburg 1964, 456.

（2）「教会の立ちもし倒れもする条項」という概念の由来については、Theodor Mahlmann, Art. Articulus stantis er (vel) cadentis ecclesiae, in: RGG 1, Tübingen ^{4}1998, 799f. を参照されたい。

（3） Dietrich Bonhoeffer, Gemeinsames Leben（in: Dietrich-Bonhoeffer-Werke Bd. 5）, Gütersloh ³2002, 40.『共に生きる生活　改訳新版』森野善右衛門訳、新教出版社、二〇〇四年、一六頁参照。

第8章

（1） Jürgen Moltmann, Zwölf Bemerkungen zur Symbolik des Bösen, in: Evangelische Theologie 1/92, 2-6, 6.

（2） Dietrich Bonhoeffer, Brief vom 19.3.1944 an Eberhard Bethge, zitiert nach: Dietrich Bonhoeffer Werke 8: Widerstand und Ergebung. Briefe und Aufzeichnungen aus der Haft, Gütersloh 1998, 359.『ボンヘッファー選集Ⅴ』倉松功・森平太訳、新教出版社、一九六四年、一七二頁参照。

（3） Helmut Gollwitzer, Vom Danken. In: ders., Auch das Denken darf dienen. Aufsätze zu Theologie und Geistesgeschichte. Band 1, München 1988, 196-213, 212.

（4） Vgl. Evangelisches Gesangbuch Nr.334.

（5） Vgl. Helmut Gollwitzer, Vom Danken, a.a.O., 211.

（6） Kornelius Heiko Miskotte, De blijde wetenschap. Toelichting op de Heidelbergse Catechismus Deel 1: Zondag I-XII, Franecker o.J., 152f.［訳者注　著者に尋ねたところ、ミスコッテの言う「神の属性（Qualitäten）」はK・バルトの「神の完全性（Vollkommnenheiten）」の概念に近い。］

（7） これについては第1章を参照。

（8） Evangelisches Gesangbuch Nr.635（Ausgabe für die Ev.Kirche im Rheinland, der Ev.Kirche von Westfalen, der Lippischen Landeskirche in Gemeinschaft mit der Ev.-ref.Kirche）.

第9章

（1）ここで私は、ユルゲン・モルトマン、ヴォルフハルト・パネンベルク、ミヒャエル・ヴェルカーの神学的試みについて考えている。

（2）EG 136.

（3）たとえばユルゲン・モルトマンやミヒャエル・ヴェルカーなどの試み。

（4）問76の置かれている文脈は聖餐論である。

第10章

（1）Frederick Buechner, Wunschdenken. Ein religiöses ABC, Zürich ^{2}2009.

（2）引用は以下より。Karl Kupisch, Quellen zur Geschichte des deutschen Protestantismus, München 1965, 228.

（3）Martin Luther, Die Schmalkaldischen Artikel（1537）, in: Martin Luther, Luther deutsch, hg. v.Kurt Aland, Göttingen 1991, Bd. 3, 366.

（4）Martin Buber, Die Erwählung Israels, in: ders., Werke. Zweiter Band. Schriften zur Bibel, München 1964, 1037–1051, 1046. また以下の美しい小冊子をも参照。Schalom Ben-Chorin, Die Erwählung Israels. Ein theologisch-politischer Traktat, München 1993.

（5）Otto Weber, Versammelte Gemeinde. Beiträge zum Gespräch über Kirche und Gottesdienst, Neukirchen 1949, 33. O・ヴェーバー『集められた共同体』畑祐喜訳、新教出版社、一九七九年、四七頁。

（6）Christian Möller, Seelsorgerlich predigen. Die praktische Dimension von Predigt, Seelsorge und Gemeinde, Göttingen 1983, 15f.『慰めの共同体・教会——説教・牧会・教会形成』加藤常昭訳、教文館、二〇〇

〇年、三四頁（訳文は少し変えている）。

第11章

（1）注9参照。

（2）Johann Wolfgang von Goethe, Dichtung und Wahrheit II, 7.「詩と真実」『ゲーテ全集第9巻』菊盛英夫訳、人文書院、一九六〇年、二五二頁参照。

（3）Martin Luther, Kleiner Katechismus, in: Unser Glaube. Die Bekenntnisschriften der evangelisch-lutherischen Kirchen, Gütersloh 1986, 551.

（4）たとえば、Taufbüchlein（1529）にあるように。

（5）Hermann Cremer, Wiedergeburt und Kindertaufe in der Kraft des Heiligen Geistes, Gütersloh 1900.

（6）Mischna Pesachim. 引用は以下より。Yosef Hayim Yerushalmi: Sachor – Erinnere Dich. Jüdische Geschichte und jüdisches Gedächtnis. Aus dem Amerikanischen von W.Heuss, Berlin 1988, 57.

第12章

（1）イスラム教の祈りの美しい集成はアンネマリー・シンメルによって提供されている。そこではイスラム教とキリスト教の祈りの印象深い並行事例が明瞭になる。Annemarie Schimmel, Dein Wille geschehe: Die schönsten islamischen Gebete, Lymphia（Zypern）5.Auflage 2004.

（2）たとえば、Alfred Rathaus, Den Glauben verstehen, Wuppertal 2003, 281.

（3）Jan Koopmans, De tien Geboten. Toelichting op de Heidelbergse catechismus Zondag XXXIV-XLIV, 2.Auflage

Franeker o.J., 48.

第13章

（1）これについては第4章参照。

（2）ただしパウロにおいては、神の似姿への変化は、ハイデルベルク信仰問答においてよりも、より終末論的に理解されるべきであろう。

（3）Vgl. Ernst Lange, Die zehn großen Freiheiten, Gelnhausen 15.Auflage 1982.

（4）Karl Barth, Predigt zu Exodus 20,4-6, in: ders., Predigten 1921-1935, Zürich 1998, 428-440, 431.『カール・バルト著作集16　説教上』登家勝也訳、新教出版社、一九六七年、二五六頁参照。

（5）Vgl. Michael Weinrich, Die Wahrheit des Bilderverbots. Historische und theologische Aspekte, in: Von den Bildern befreit zum Leben. Wahrheit und Weisheit des Bilderverbotes, hg. v. Jörg Schmidt（Reformierte Akzente 6）, Wuppertal 2002, 17-42.

第14章

（1）Vgl. Ernst Troeltsch, Glaubenslehre, München/Leipzig 1925, 36.『信仰論』安酸敏眞訳、教文館、一九九七年、四五頁参照。

（2）Walter Kreck, Die Zukunft des Gekommenen. Grundriß der Eschatologie, München 1961.

（3）Manfred Siebald「何とかうまくやってきた」Aus dem Lied „Wir haben es uns gut hier eingerichtet" 訳者注　ジーバルトは、日常生活とキリスト教信仰とを結びつける数多くのポピュラーソングを作詞作曲し、自らギターをもって歌い各地でコンサートを開いている。

訳者あとがき

ハイデルベルク信仰問答は、宗教改革の若い教会が生み出した共同作業の結実として、まれに見る大きな成功を収めた文書の一つである。ウルジヌスとオレヴィアヌスという著者たち二人の年齢が若いというだけではない。背後にある改革教会の流れもまた、告白的戦いと神学的造築の途上にあって、張りつめた中に常に若やいだ雰囲気を伝えている。喜びをもって簡潔に表明される信仰の確信はいくつかの美しい言葉と共に、伝統の枠を越えて広く親しまれている。しかしである。今、あえて「王様は裸である」式の言い方をすれば、今日この問答書を用いて若い求道者を導こうとする者は、ある種の戸惑いを覚えてしまうのではないだろうか。何と言っても一六世紀の文章である。問答書を支える張りつめたリアリティーを伝えるには相当の力量がいることを、実際に用いてみて感じた方も少なくないのではなかろうか。

本書はその意味で、ハイデルベルク信仰問答と現代との間に橋を架ける試みの一つであるが、それを神学的対話という仕方で追求した読み応えのある一書である。原書の題名を直訳すれば、『今日において信じること――ハイデルベルク信仰問答と共に』(Georg Plasger, Glauben heute mit dem Heidelberger

Katechismus, Vandenhoeck & Ruprecht: Göttingen 2012）となる。もともと二〇一三年のハイデルベルク信仰問答成立四五〇年記念に合わせて出版されたものだが、そのような一過的な祝祭で終わらせるには惜しい、後世に残すべき良書の一つであると思う。

二〇一八年の夏学期、ドイツのジーゲン大学神学部のゲオルク・ボレンベック講座教授職の客員として招かれ、半年を過ごす機会が与えられた。その際、プラスガー教授から本書を贈られ、目を通してすぐに、これは日本のキリスト者にとっても啓発的な書物であると直感した。慣れ親しんでいる伝統的な教理の言葉であるが故に、つい当たり前に思って通り過ごしてしまう問答書のテキストに、時折鋭い分析のメスが入れられ、なるほどそうだったのかと深く納得させられる。本書は類書の多い問答書全体の逐語的講解ではない。一四の重要な神学的トピックスが選ばれ、それが世俗化された現代社会を生きる今日のキリスト者にとって何を意味するのかが、諄々と説かれていく。

ゲオルク・プラスガー氏は、一九六一年にノルトホルン（Nordhorn）に生まれた。改革派の伝統の強い地域で、オランダの国境に近いせいもあり、オランダ語にも堪能である。一九八一年からヴッパータール神学大学で神学を学び、さらにミュンスター大学神学部で研究を続けた後、一九八八年に牧師補となってシェーラー（Schöller）という町の教会に赴任した。同時にヴッパータール神学大学の助手を務めている。一九九一年に「義の必然性――カンタベリーのアンセルムス『神はなぜ人となりたもうたか』の研究」で博士号を取得した。一九九二年から九三年にかけてリュンネ・エムスラント（Lünne/Emsland）の牧師をした後、ゲッティンゲン大学に呼ばれ、『カール・バルトの生涯』（小川圭治訳、新教出版社、一九八九年）を書いたエバーハルト・ブッシュの助手をした。一九九九年に教授資格論文「カール・バルトにおける信仰告白の相対的権威」をまとめ、その後エッセン大学組織神学教授に就任した。そして二〇〇一年からジーゲン大学組織神学ならびにエキュメニカル神学の教授に着任し、現在に至っている。大学では副学長を務めたこともあり、また現在も「改革派ならびに敬虔派神学研究所」の所長でもある。その間、ドイツ改革派連盟の議長団の一人として指導的な役割を担うと共に（一度議長に推されたが、研究職を続けるため辞退している）、今も『弁証法神学のための雑誌』（Zeitschrift für Dialektische Theologie）の編集主幹として（主幹である以上、当然自らも健筆を振るいつつ）編集の責任を負っている。公表されている論文は事典項目も合わせ、（ざっと数えたところ）二〇〇を下らぬ数であり、主としてアンセルムス、カルヴァン、バルト、そして改革派の教会論に関するものが多い。その中で啓蒙的な本として比較的よく読まれているものが『カルヴァン神学入門』（二〇〇八年、邦訳は、矢内義顕訳、教文館、二〇一八年）であり、もう一つが本書である。

ファンデンヘック&ルプレヒト出版社の原著表紙裏に掲載された推薦の言葉が本書の内容を的確に要約しているので、以下に訳出しておく。「キリスト者であるとは何を意味するのだろう。キリスト教信仰の本質的な関連性が失われてしまったかに見える時代にあって、私たちはどのようにして自分の信仰を理解することができるだろうか。その際、一六世紀に由来するテキストが、どう助けになるというのだろう。ゲオルク・プラスガーはこの問いを追求し、一五六三年のハイデルベルク信仰問答を手がかりにキリスト教信仰の本質的な根本テーマを説き明かしていく。対話的に進められる一四の章において、プラスガーは自分たちの信じる信仰を理解するように招いており、ハイデルベルク信仰問答がその成立からほぼ五〇〇年［正確には四五〇年］もたつというのに、なおもきわめて今日的なものであることを証明してみせている。これは大人のための現代の信仰書である」。

おそらく全体の頁数を抑えるため、著者は余計な説明を省いて議論を進めている。しかも、同じ小辞をつい挟む著者の口癖はかえって煩瑣な印象を与える。ドイツのキリスト教界ではそれでも意味が通じるかもしれないが、我が国の読者のことを考えると、そのままではかえってせっかくの主張が不鮮明になってしまう。そこで本書では、著者の意を汲んで文意を補って訳してある。多忙の中、労をいとわずメールで受け答えをしてくださったプラスガー教授に感謝したい。本書出版の意義を認め、出版を促してくださった教文館の渡部満社長、実務を担当してくださった髙木誠一氏に感謝したい。

二〇一九年夏　三鷹の森にて

《訳者紹介》
芳賀 力（はが・つとむ）
1952年、神奈川県に生まれる。1979年、東京神学大学大学院修了。1983年、ドイツ・ハイデルベルク大学神学部留学。1987年、同大学より神学博士号取得。現在、東京神学大学教授（2013－17年学長）。
著書 『物語る教会の神学』『大いなる物語の始まり』『使徒的共同体』『歴史と伝承——続・物語る教会の神学』『まことの聖餐を求めて』（編著）（以上、教文館）、『自然、歴史そして神義論——カール・バルトを巡って』『救済の物語』（以上、日本基督教団出版局）『洗礼から聖餐へ——キリストの命の中へ』『神学の小径Ⅰ——啓示への問い』『神学の小径Ⅱ——神への問い』『神学の小径Ⅲ——創造への問い』『神学の小径Ⅳ——救済への問い』（以上、キリスト新聞社）ほか多数。
訳書 『ブルンナー著作集2　教義学Ⅰ』、C. ブラーテン／R. ジェンソン『聖書を取り戻す』、ドイツ福音主義教会常議員会『義認と自由——宗教改革500年 2017』（以上、教文館）ほか多数。

ハイデルベルク信仰問答との対話——信仰の宝を掘り起こす

2019年9月30日　初版発行

訳　者　芳賀　力
発行者　渡部　満
発行所　株式会社　教文館
〒104-0061 東京都中央区銀座4-5-1 電話 03(3561)5549 FAX 03(5250)5107
URL http://www.kyobunkwan.co.jp/publishing/
印刷所　モリモト印刷株式会社

配給元　日キ販　〒162-0814　東京都新宿区新小川町9-1
電話 03(3260)5670　FAX 03(3260)5637

ISBN978-4-7642-6741-1　Printed in Japan

教文館の本

吉田 隆

ただ一つの慰め

『ハイデルベルク信仰問答』によるキリスト教入門

四六判 320頁 2,300円

聖書が語る福音の真髄を、美しくしかも力強い言葉で語る『ハイデルベルク信仰問答』。その訳者による最も信頼できる講解。「涙の谷間」（問26）を生きる人間の魂の奥深くに訴える、信仰の確かな羅針盤がここに！

L. D. ビエルマ編　吉田 隆訳

『ハイデルベルク信仰問答』入門

資料・歴史・神学

A5判 320頁 3,200円

宗教改革の戦いの中から生まれ、教派的・時代的・地域的制約を越えて愛されてきた『ハイデルベルク信仰問答』。その歴史的・神学的背景、執筆者問題から研究論文資料までを、カテキズム研究の第一人者がまとめた労作。

L. D. ビエルマ　吉田 隆訳

『ハイデルベルク信仰問答』の神学

宗教改革神学の総合

A5判 384頁 3,700円

《最も麗しい信仰の書》と評され、今日でも信仰の手引きとして愛されている『ハイデルベルク信仰問答』。その神学的主題と構造、そして宗教改革期におけるエキュメニカルな精神を、歴史的・批評的研究から明らかにする。

加藤常昭

ハイデルベルク信仰問答講話

(上)B6判 322頁 2,200円
(下)B6判 236頁 2,000円

宗教改革の戦いのなかから生まれ、改革教会の枠を越え、歴史的制約を越え世界でもっとも広く読みつがれ、現代人の魂に深く訴える信仰問答。その問答を日本人の魂の奥深く訴える美しい言葉で説いた（FEBCで放送）

登家勝也

ハイデルベルク教理問答講解

(Ⅰ)A5判 336頁 2,800円
(Ⅱ)A5判 344頁 2,900円

宗教改革の時代から遥かな時を貫いて世界の各地で信仰を育んできた、教理問答の精髄を聖書の言葉を軸に逐一講解。現代の日本の教会・社会が直面する問題、信仰者のかかえる問題を、問答のみ言葉から懇切に説き明かす。

A. ラウハウス　菊地純子訳

信じるということ

ハイデルベルク信仰問答を手がかりに

(上)A5判 288頁 2,400円
(下)A5判 254頁 2,400円

キリスト者は何を信じているのか？　ハイデルベルク信仰問答に沿いながら、今日私たちがキリスト教信仰をどのように理解すべきなのかを分りやすく解説。信仰問答本文は今日広く使われている1997年の改訂版を使用。

加藤常昭

信仰への道

使徒信条・十戒・主の祈り

四六判 584頁 3,200円

教派を越え、歴史を貫いて学ばれてきた「三要文」を通して、キリスト教信仰の基本を体得する。聖書の真理に学びながら、キリスト教信仰の精髄を学ぶ最良の手引き。加藤常昭信仰講話の6・7巻の合本。

上記は本体価格（税別）です。